기억의 공격

심리질병과
내적치유

숲이나무에게

심리질병의 치유

바람이 스치듯 문득 떠오르는 기억 한 조각
그로 인해 밀려드는 후회, 자책, 절망감에 평온했던 하루는
갑자기 어두워지고…

기억의 공격

심리질병은 기억의 공격에 지친 **마음의 비명**이다.

| 목차 |

이 책을 쓴 이유 • 6
들어가며 • 10

1부. 중독과 내적치유

사례 1편: 사람 중독을 치유하신 하나님 • 24
　　　 - 30년간 한 사람에게 묶여 있었다.
　　정신건강 해설 1 - 중독과 내적치유 • 40

사례 2편: 알코올 중독을 치유하신 하나님 • 58
　　　 - 분노는 나를 알코올 중독자로 만들었다.
　　정신건강 해설 2 - 알코올 중독 그리고 용서 • 70

2부. 불안장애와 내적치유

사례 3편: 대인공포증에 갇힌 사람과 하나님 • 78
　　　 - 교회 장로이지만 사람이 무서웠다.
　　정신건강 해설 3 - 대인공포증과 내적치유 • 90

3부. 우울증과 내적치유

사례 4편: 우울증으로 무너진 모녀와 하나님 • 98
　　　 - 내 딸은 최고의 피아니스트였어요.
　　정신건강 해설 4 - 우울증과 내적치유 • 110

사례 5편: 우울증에 갇힌 목회자와 하나님 • 142
　　　 - 활달했던 내가 어떻게 우울증에

4부. 공황장애와 내적치유

사례 6편: 10년 공황장애 환자와 하나님 • 148
- 머리에 깁스했다 하고 사시오.
정신건강 해설 5 - 공황장애와 내적치유 1 • 167

사례 7편: 일생을 공포에 갇힌 공황장애 환자와 하나님 • 170
- 평생을 공포 속에 살며 나는 지쳤습니다.
정신건강 해설 6 - 공황장애와 내적치유 2 • 176

5부. 열등감과 내적치유

사례 8편: 정신과 의사와 하나님 • 184
- 분석할 수 있으나 치유는 어려웠다.
정신건강 해설 7 - 성서적 내적치유 심리학의 새 언약 모형 • 196

6부. 기억장애와 내적치유

사례 9편: 기억을 잃어버린 사람과 하나님 • 224
- 사라진 시간 속에 내가 있었다.
정신건강 해설 8 - 기억의 치유 1 • 232

사례 10편: 캄캄한 산길의 어린 남매와 하나님 • 245
- 기억의 치유는 혼자 생각하는 상상이 아니었다.
정신건강 해설 9 - 기억의 치유 2 • 254

글을 마치며 • 264

이 책을 쓴 이유는

기억은 살아 있고, 기억은 공격한다.

기억은 곧 '나'다. 기억은 곧 '그'의 인생이다.
기억이 사라지면 내 존재의 의미도 사라진다.
기억이 있으므로 사랑도 연민도 용서도 있다. 고통을 극복하는 힘도 기억으로부터 생긴다. 겹겹이 쌓인 기억들로 인해 세상을 바라보는 눈은 총천연색이 된다. 하지만 기억은 두 얼굴을 가지고 있어서 힘을 주는 기억도 있으나 어떤 기억은 삶의 에너지를 빼앗고 지금 이 순간을 분노와 불안과 염려로 덮어버린다. 불현듯 떠오른 한 조각 기억에 평온했던 하루가 갑자기 어두워진다.

기억은 지금 내 앞의 사람을 과거의 기억 속에 누군가와 혼동함으로 신뢰하지 못하고 사랑하지 못하게 한다.

몸과 마음에 새겨진 기억은 과거의 일들을 현실 속에 또다시 재현시킨다.

사람만 바뀔 뿐 모든 일들이 다시 비슷하게 벌어지는 것이다. 같은 일들이 대를 이어 반복되는 것은 운명도 아니고 팔자도 아니라 기억의 결박이며 기억의 공격이다. 누구도 기억의 영향으로부터 자유로울 사람은 없다. 의식, 무의식적인 기억의 공격을 받을 때 삶은 투쟁처럼 여겨지고 작은 일에도 긴장하며 마음을 다스리느라 에너지가 모두 소진된다.

하지만 기억은 나를 파괴하려고 공격하는 것이 아니다. 마음의 소리를 들어달라고, 그때 마음이 아팠는데 아직 그 아픔이 처리되지 않아 지금도 아프다고 외치는 것이다. 그러나 우리는 그 아픔을 어떻게 처리해야 할지 모르기에 그 소리를 듣는 것이 두렵고 힘을 다해 버티고 있는 자신이 무너질까 봐 두렵다.

침묵이 불편한 이유는 눌러둔 내면의 소리가 들리려 하기 때문이다. 하지만 언제까지나 마음 깊은 곳에서 으르렁거리는 기억의 소리를 모르는 척 덮어둘 수는 없다. 눌러둔 기억은 눌러왔던 세월만큼의 무게로 언젠가는 반드시 우리의 삶을 덮치고 삼켜버리기 때문이다. 그리고 그 결과는 몸과 마음의 병으로 나타난다. 심리질병은 기억과의 싸움에 지친 마음의 비명이며 심인성 질환은 기억의 공격에 쓰러진 몸이다.

그러므로 심리질병의 근본적인 치유를 위해 울부짖는 기억의 소리를 들어야 하고 그 혼란의 물결을 안정시켜야 한다. 그렇다면 어떻게 듣고 어떻게 소용돌이치는 머릿속의 물살을 안정시킬 수 있을까? 어떻게 또다시 같은 일의 반복을 막을 수 있을까? 망각하는 것 외에 과거 속에 묻힌 기억을 잠잠케, 아름다운 진주로 만들 수 있는 비밀은 무엇인가?

나는 그 비밀이 인간을 만드신 하나님의 약속 안에 있음을 알았고 실제로 그 일이 이루어지는 것을 목도했다. 성서적 내적치유세미나의 참석자들이 토해 내는 사연들 속에서 으르렁대는 기억이 눈물로 바뀌고 파괴가 건설로 바뀌는 신비를 보았다.

이 책은 성서적 내적치유세미나의 사역을 자랑하거나 혹은 지금 우리의 삶 속에 현존하시며 행하시는 성령 하나님을 부인하고, 하나님을 다만 역사 속의 초상화처럼 여기는 실질적 무신론자들을 설득하려고 쓴 글이 아니다. 그런 목적을 위해 이 사례와 내용들을 쓰기에는 이 책의 사례자들이 겪은 고통과 슬픔이 너무도 깊고 아프며, 그들의 고백 속의 진실이 너무도 귀하다. 이 고백들은 한 사람 한 사람의 삶이며 눈물이다.

내가 이 책을 쓰는 이유는 이 모든 신비를 본 사람으로서 지금도 기억의 공격으로 인해 마음이 깨지고 그로 인해 몸까지 고통당하는 자들에게 이 사실들을 전해야 한다는 지극히 당연한 책임감 때문이다. 그들은 분명히 이 책을 통해 성령님의 행하심을 보게 될 것이며 상담자이신 성령님에게 자신의 아픔을 털어놓는 법을 배우게 될 것이라 생각한다.

또 다른 이유는 찾아야 한다고 생각하기 때문이다. 에서가 야곱에게 장자권을 팔아넘기듯이 교회가 세속 심리학에 인간의 마음을 이해하고 치유하는 귀한 권리를 무조건 넘기기 전에 하나님이 교회에 주신 귀한 치유의 능력을 다시 한 번 생각해보고, 교회 공동체의 치유력을 회복하기를 바라기 때문이다.

기억은 단순히 흘러가 버린 과거가 아니다.

원인 모를 불안에 눌린다면

과거의 후회와 자책 그리고 미래의 염려로 가득하다면

하나님을 믿고 사람을 신뢰하는 것은 어리석은 짓이라고 생각된다면

항상 무엇인가에 쫓기듯 마음이 조급하다면

당신은 기억에 갇혀 있고 기억에 공격당하는 것이다. 당신이 우연히 이 책을 집어 들었을지라도 이것은 우연이 아니다. 항상 하나님의 역사는 아주 평범하게 우연처럼 시작된다.

관찰하고 기록한 자 ……

| 들어가며 |

마음, 그 비밀의 세계로
나를 이끄신 하나님

혼란, 흔들림 그리고

모태 신앙임에도 불구하고 눈 내린 밤길을 걸었던 크리스마스 기억만이 신앙생활의 전부였던 나는 고등학교 때 원불교로 불교로 천주교로 조금씩 돌아다니다가 대학에 들어와 비로소 예수를 구주로 영접하고 나름대로 열심히 신앙생활을 했다. 사는 것도 죽는 것도 그저 우연이라는 생각으로 살아가다가 새롭게 알게 된 성경의 진리는 내 삶에 큰 변화를 만들었다.

이제 그 어느 것도 내가 가진 신앙적 확신을 깰 수 없을 거라는 자신감이 넘치던 어느 날, 나는 갑자기 내 손에 있는 성경이 부끄러워지고 모든 것이 흔들리는 혼란에 빠져들었다.

그것은 지금으로부터 수십여 년 전, 개인이 운영하는 정신과 폐쇄병동에서 매독균으로 인해 조현병(정신분열증)에 걸렸다는 한 남자를 보게 되면서부터였다.

그의 양쪽 발목은 마치 영화의 한 장면처럼 굵은 쇠밧줄로 묶여 바닥에 박혀있는 고리에 고정되어 있었고, 바닥에 흥건히 고여 있는 오줌에서는 도저히 맡을 수 없는 역한 냄새가 코를 찔렀다. 창문 하나 없는 어두운 복도는 한여름인데도 한기가 느껴졌다. 복도에서 창살 너머로 그를 보면서 인간이 저렇게도 비참하게 될 수 있다는 사실에 충격을 받았다. 그 환자는 묶인 채 말도 없이 나를 쳐다보고 있었는데, 수세미처럼 헝클어진 머리에 온몸은 오염 투성이로 얼룩져 있었지만 놀랍게도 얼굴은 정말 반듯하고 준수했고 나를 보는 눈은 힘을 잃었지만 참으로 맑아 보였다. 그 맑은 눈과 준수한 얼굴이 그의 형편을 더욱 처참하게 느끼게 했다.

그 병원에는 다른 장기 입원 환자들도 많았다. 특별히 환자들의 얼굴에 불안과 근심이 역력한 날은 전기 충격 치료가 있는 날이었다.

"제일 싫고 무서워요. 제발 이것만 안 받았으면 좋겠어요."

앳돼 보이는 어린 처녀가 내 손을 잡고 애원하듯 말했다.

처녀의 눈에는 눈물이 고여 있었다. 정신과 병원에서 만난 여러 환자를 보며 내가 받은 충격은 쉽게 가시지 않았고, 그로 인해 설명할 수 없는 분노와 혼란이 생겼다. 그리고 그 혼란은 하나님에 대한 불신으로 이어졌다. 기도가 되질 않았고 성경에 쓰인 말씀들이 현실과는 너무도 동떨어진 동화 같았다.

개인이 운영하는 폐쇄병동을 다녀온 이후에는 외국 선교사들에 의해 세워진 오픈 시스템 정신과 병원에서 두 달간 근무했다. 그곳은 위생시설도 아주 잘 갖추어져 있었고, 치료 프로그램을 위한 삭업실 등 다양한 공간이 있었으며, 모든 환자는 아침 9시에 병원으로 들어와서 오후 5시에 집으로 돌아갔다. 환자들의 얼굴은 폐쇄병원에 있는 환자보다 훨씬 밝았고 길거리에서 만나는 사람들과 다를 바 없어 보였으나 다만, 다른 점이 있다면 사회에 대한 적응 능력이 현저히 낮았고 모두 어떤 병명을 가지고 있다는 것이다.

"나는 살만 빠지면 좋겠어. 누가 나에게 살을 빼준다면 지금 당장에라도 백만 원을 줄 텐데."

"저 애 있지? 저 애 꼴도 보기 싫어. 더러워. 항상 더러운 말만 하고 그런 책만 읽어. 괜히 나에게 와서 치근거리고 징그러워 죽겠어."

이런 대화를 나누며 웃고 떠드는 사람들, 놀랍게도 그들 대부분은 장기 환자들로 20년 이상 된 사람도 많았다. 치료를 받아 좋아져서 병원을 나오지 않다가 몇 년 후에 다시 와서 치료받고, 몇 년간 집에 있다가 사회생활을 못 하고 또 오게 되고……. 이런 식으로 많은 이들이 거의 평생을 이곳에서 지낸다고 병원 관계자는 말해주었다. 참으로 놀라웠던 것은 그들 중에 몇은 항상 성경을 가지고 다닌다는 점이었다.

성경을 손에 들고 수시로 다른 환자들을 간섭하고 야단치는 젊은 여자환자가 기억난다. 그 여자를 보면서 인간의 심리적 질병이라는 괴물 앞에서는 성경도 무력한 것 같이 느껴져 두려웠고, 그 여자와 같이 내가 성경을 들고 있는 것도 부끄러웠다.

그들을 돌보는 의료인이 나에게 이렇게 말했다.

"나도 하나님을 찾아보았는데 하나님은 안 계셔요. 나는 니체를 존경합니다. 이곳을 보세요. 이곳에 있는 사람들은 너무 착해서 이렇게 병이 든 사람들이에요. 이 사람들이 얼마나 열심히 기도하는지 아세요? 하나님은 인간이 만든 허구일 뿐이요. 적어도 하나님이 계신다면 이 사람들을 이렇게 내버려 두지는 않을 거요. 이 환자들 중에서 성경 들고 다니는 이들이 제일 중증 환자예요. 만일 신이 있다 해도 건강하고 잘난 사람들만 관심 있는 신이라면 난 그런 하나님 필요 없어요."

그의 말에 나는 한마디도 반박할 수 없었다.

며칠 뒤 그 환자들과 같이 바닷가로 여행을 다녀왔다. 그리고 나는 더욱 혼란스럽고 두려워졌다. 그들과 같이 지낼수록 그들 안에 내가 보였기 때문이다. 몸을 가진 사람들 모두가 장애인이 될 가능성이 있는 것처럼 나는 그들 속에서 나를 보았고, 그들은 특별한 외계인이 아니라 우리 이웃인 평범한 사람들임을 알았다. 그 의료인의 말대로 그들은 다만 다른 사람보다 더 죄의식이 심하고 더 착하고 더 여리기에 저런 모습이 된 것 같기도 했다.

정신이 파괴될 지경이 되도록 힘들어하는 이들을 이처럼 방관하는 하나님이라면, 나도 생각의 혼란에 빠져 길을 잃게 될 때 고뇌의 노력은 물거품이 되고, '나' 라는 개념도 상실한 채 저런 모습이 될 수도 있는 것인가? 내 손에 들린 성경도 저들의 손에 있는 성경처럼 아무 힘없는 소지품에 지나지 않을 것인가? 신앙이란 나 혼자 생각하고 혼자 감격하고, 내가 만든 착각에 빠져 약간의 정신적인 위안을 얻음으로 인해 살아가는 데 도움이 되는, 결국은 사람들이 만들어낸 종교라는 작품에 지나지 않다는 말인가?

나는 하나님을 만났다고 생각했다. 그래서 교회 주일학교 교사 생활도 하고 다른 나라에 선교여행도 갔다. 그러나 정신과 환자들을 보면서 특히 나와 별로 다를 것이 없는 오픈 병동 사람들을 보면서 두려웠다. 우리를 사랑하고 돌보신다고 외친 하나님은 정작 인간의 절박한 문제 앞에서 너무도 무력하고, 현실과는 너무 동떨어진 존재라는 느낌을 지울 수 없었다.

'그는 도대체 무엇을 하고 계시지? 교회에만 계시는 하나님인가? 이곳은 사각지대인가? 지성이 똑바른 사람들만 믿을 수 있는 하나님이라면, 이렇게 자신을 스스로 지키지 못하는 사람들에게는 아무런 도움도 되지 않는 하나님이라면, 과연 그분이 하나님일 수 있을까? 매독균에 의해 자신이 어디 있는지도 모르는 그 환자에게 하나님은 과연 어떤 존재일까? 선교사가 만든 이 병원에서 20년 혹은 거의 평생을 치료받고 있는 그들 손에 있는 성경은 도대체 그들에게 어떤 도움을 주는 것인가?'

혼란과 불안이 짙어가며 생각은 꼬리를 물고 끝없이 이어졌다.

'모든 것은 인간이 만든 허상이었다. 너는 그 허상이 있기를 바랐던 것이고, 그랬기에 그 하나님은 인간이 만들어 놓은 자리에만 나타나는 하나님이었고, 결국 네가 두려워한 대로 아무것도 없는 허무, 그것만이 사실이다.'

이런 생각이 내 머릿속에서 점점 결론처럼 굳어져 갔다. 이처럼 신앙이 바닥에 떨어져 가던 어느 날이었다. 예배시간에 목사님이 갈라디아서 4장 7절을 찾으라고 하셨는데 나는 잘못 알고 5장 7절을 찾았다. 그런데 갑자기 그 말씀이 살아 움직이는 것처럼 내 마음을 때렸다.

너희가 달음질을 잘 하더니 누가 너희를 막아 진리를 순종하지 못하게 하더냐 그 권면은 너희를 부르신 이에게서 난 것이 아니니라 (갈 5:7-8).

참으로 순간적이었다. 마치 화살이 박히듯이 말씀이 내 가슴에 박히면서 일순간 모든 혼란이 정지되면서 내가 그 자리에 푹 주저앉는 심정이었다. 그리고 '그동안 내 머리를 혼잡하게 하던 생각들은 모두 거짓이었구나! 나를 속이는 것이었구나!'하는 생각과 함께 주님이 내가 신앙생활 하는 것을 다 알고 계셨다는 감사함에 멍해지고 두렵기도 했다.

그러나 그 순간 주님의 실존에 대한 회의는 완전히 사라졌지만, 정신과 환자들을 보며 가졌던 의문이 풀린 것은 아니었다. 스스로 생각하지 못하는 사람이 어떻게 주님을 알 수 있을까? 마음이 망가진 사람도 다시 회복될 수 있을까? 생각할 힘도 없는 이들에게 예수님의 복음은 어떤 영향을 줄 수 있을까? 나는 그때까지 하나님이 인간의 아픈 마음과 감정적 괴로움에 관해 관심을 가지고 치유해 주신다는 것을 들어본 적이 없었다. 내가 배운 하나님은 사역적인 하나님, 크신 구속을 행하시는 하나님이었지 사람의 마음이나 성격에 관해 관심을 가지고 치유해주시는 하나님이 아니었다. 마음의 문제는 자신이 책임져야 할 일이라 생각했다.

몸의 병을 기적적으로 고침 받았다는 간증을 들었었다. 돈 한 푼도 없는 사람이 하나님을 잘 믿었더니 엄청난 부자가 되었다는 사람들도 많았다. 하지만 마음의 고통 혹은 정신적 문제들을 치유하셨다는 간증을 들어 본 적은 없었기에 자신을 지키지 못하는 그 환자들은 하나님의 시야에도 잡히지 않는 사각지대와 같이 느껴졌고 그래서 하나님의 사랑과 구원에 대한 의문과 혼란이 생긴 것이다.

이기적인 성품과 시기와 원한 속에 비뚤어진 판단력, 불안과 두려움 속에 잡힌 마음, 우울증과 불안장애 등등 수없이 많은 마음의 문제에 대해 하나님은 관심이 있으실까? 고쳐주실까? 이것은 나 자신의 문제이기도 했다. 내가 정말 원하는 변화는 마음의 변화, 인격의 변화였기 때문이다.

하나님을 믿은 후 기쁨도 컸지만 그만큼 갈등도 커졌다. 하지만 누구에게도 이런 갈등을 의논할 수 없었다. 다른 이들은 모두 특별한 갈등 없이 신앙생활을 잘하는 것처럼 보였기 때문이다. 나는 간절히 기도했다.

"주님 내 마음의 문제를 해결해주시고 나같이 마음이 복잡해서 괴로워하는 사람들을 반드시 돕게 해주세요."

그리고 오랜 뒤 기도가 응답된 날, 1992년 11월 18일

1992년 11월 18일 수요일
학생들과 땀과 기도로 청주에 대학생 복음화를 위한 신앙과 문화센터를 세우고 그곳에서 행하는 첫 기념 사역으로 제1회

내적치유세미나를 개최했다.

전기충격요법을 받는 게 무섭다고 울던 어린 처녀를 기억하며, 평생을 오픈 병동에서 출퇴근하던 그들을 기억하며, 그리고 신앙생활을 하고 있지만 무언가 해결되지 않은 마음의 갈등으로 인해 힘들어하는 사람들을 기억하며 세미나를 준비했다.

세미나의 주제는 우리의 상한 마음을 치유하시는 하나님의 약속에 관한 것이었다. 이사야가 예언하기를(사 61:1) 메시아가 오셔서 우리의 상한 마음을 고치실 것이라 했고, 실제로 예수님이 오셔서 이사야가 말한 예언이 이제 실현되었다고 하신 그 첫 설교 말씀(눅 4:17-19)을 가지고 세미나를 열었다.

그 당시는 우리나라 어느 곳에서도 마음의 문제를 핵심 주제로 두고 진행하는 세미나는 없었지만 남편 주서택 목사는 평생 동안 대학생 사역을 하면서 학생들이 학창 시절에 신앙 훈련받을 때의 모습과 졸업 후 삶 속에서의 모습이 많은 차이가 나는 것을 보면서 마음의 문제를 다루어야 한다는 필요성을 깊이 느끼고 있었기 때문에 내적치유세미나를 적극적으로 추진했다. 하지만 나는 조금 염려가 되었다. 다른 사람들은 모두 별생각 없이 신앙생활을 잘하는데 나만 너무 마음이 복잡한 스타일인가? 마음의 문제는 특정한 소수에게만 해당되는 것이 아닐까? 그러면 세미나에 누가 올까? 이런 생각 때문에 망설이며 기도했다.

'할까요?', '말까요?'

그런데 마치 이런 나의 망설임에 대해 하나님이 답을 주시듯이 세미나를 앞둔 이틀 전, 한 가족이 방문했다. 딸이 건강하게 직장생활 잘하고 있다가 갑자기 변해서 정신적 혼란을 겪고 있고, 급기야는 몸이 마비될 정도의 상태가 되어 왔다고 했다.

식구들은 그 자매가 귀신들렸는지 불안해하기도 하고 정신병동에 입원시킬 수도 없던 차에 주위에서 주서택 목사님에게 가보라고 권해서 지푸라기라도 잡는 심정으로 오게 되었다고 했다. 그런데 그 자매가 세미나의 안내지에 실린 그림을 보며 말했다.

"저는 이 그림의 뜻을 알아요. 얼굴은 웃지만, 마음은 울고 있는 사람이죠. 제가 그래요. 저에게는 언제부터인가 제 왼쪽 가슴에 제가 울고 있어요. 울고 있는 내가 보여요. 하지만 왜 그렇게 울고 있는지 알 수가 없어요. 너무너무 슬퍼서 이대로 있다가는 죽을 것 같은데 나는 어떻게 해야 할지 알 수가 없어요."

나는 놀라움에 그 자매의 얼굴을 보았다.

'아! 나보다 더 마음속에 깊은 아픔이 있어서 그것을 해결하고자 미칠 듯이 헤매는 누군가가 있구나.'

그 자매의 말은 나의 망설임에 대한 주님의 답변이었고 우리에게 향하신 주님의 부탁이라고 생각했다. 그렇다면 단 한 사람이 온다 할지라도 해야겠구나! 이렇게 세미나는 시작되었다. 그리고 그 자매는 세미나에 참여해서 자신의 울고 있는 내면의 이유를 발견하고 그것으로부터 치유된 간증을 했고 마비 증세와 모든 심리적 불안정에서 벗어나게 되었다. 자매의 간증을 들으며 그 자리에 있던 참석자 모두가 울었던 장면은 지금도 눈에 선하다. 그 자매의 『내 마음 속에 울고 있는 내가 있어요』라는 말은 첫 번째 책의 제목이 되었다.

첫 세미나를 시작해서 현재 24년이 되기까지 오만 명 가까운 사람들이 세미나에 다녀갔으며 올해도 어김없이 처음 그날처럼 성령께서는 참석자들의 마음속에 숨겨진 울음과 아픔을 치유하셨고, 주님과의 관계를 실질적 관계로 회복하셨다.

하나님은 내가 정신과 병동에서 갖게 된 혼란을 아셨고, 그 의문을 기뻐하셨고 응답하기를 원하셨다. 그래서 내가 이해할 수 있기를 기다리신 후 기대한 것보다도 더 분명하고 넓게 대답하셨다.

이제 분명히 알게 된 것은, 하나님은 마음이 무너진 사람들과 정서적 질병에 걸려 자신을 지탱할 수 없는 사람들을 위해 그들이 치유될 수 있는 최선의 길을 만드셨고 우리가 그 길을 발견하기를 간절히 원하신다는 사실이다. 나는 처음에 정신과 병동의 환자들을 보며 그들 속에 내가 보여 두려웠고, 그들의 손에 들린 성경책이 너무도 무력하게 느껴져 화가 났지만, 하나님은 그들의 아픔 속에 함께 계셨다. 그들이 자유로워지기까지…….

마음이 아프고 병들 수 있는 것은 인간이 그저 물질로 만들어진 생명체가 아니라 영혼의 자의식을 가진 인격체이기 때문이다.

인격은 인격에 의해 이해받고 치유될 수 있다. 기독교의 하나님이 가상의 존재나 우주의 힘과 같은 비인격체라면 인격을 갖고 있기에 겪는 인간의 아픔을 구체적이고 세밀하게 치료할 수 없을 것이다. 하지만 기독교의 하나님을 만난 사람들은 하나님이 자신의 가장 깊은 마음의 슬픔을 알고 계셨고 그 고통을 치료해 주셨다고 말하고 있다. 그 말은 하나님이 자신의 마음을 공감해주시는 것을 영혼으로 느꼈다는 것이다. 심판이나 지시가 아니라 하나님으로부터 이해받는다는 그 느낌 속에 엄청난 치유의 에너지가 들어 있어서 으르렁대는 기억은 힘을 잃고 그들은 더 이상 부끄럽지도 두렵지도 않게 되었다. 그래서 눌러두고 숨겨왔던 그 방을 열어젖히고 그 방에서 걸어 나올 수 있었던 것이다.

진리가 너희를 자유케 하리라는 말씀의 뜻이 무엇이며 나를 용납하신다는 말씀이 무엇인지를 알 것 같다고 그들은 말한다.

오스카 와일드 Oscar Wilde 는 말한다.

"모든 성인은 과거를 가지고 있고 모든 악인은 비밀을 가지고 있다."

눌러둔 비밀은 계속해서 독이 든 알을 까서 더 큰 악을 만들지만 그 비밀을 주님께 보여드리고 의논할 때 비밀은 정화되고 과거는 인격의 양분으로 바뀌게 된다.

많은 사람의 치유 과정을 듣고 그 이후의 삶을 지켜보면서 분명히 확인된 사실이 있다. 그것은 마음이 회복되면 몸도 환경도 점차 건강해진다는 것이다. 치유받았다고 하는 의미는 삶의 모든 부분에서 완전히 거룩한 성자가 되었다는 뜻은 아니다.

치유받았다는 의미는 영혼이 잘 됨같이 마음도 거룩해지는 실질적인 성숙과 변화의 첫걸음이 시작되었다고 하는 것이 더 정확할 것이다. 치유는 성숙으로 가는 첫걸음이며 성숙이란 예수 그리스도 안에서 자신을 완성해가는 평생의 여정이다.

그러나 중요한 것은, 사례자들을 결박하고 있었던 문제들이 이 세상의 어떤 정신 심리치료로도 해결될 수 없었지만, 성령의 도우심으로 그들이 고통당하던 심리적 질병과 문제가 온전히 해결되었다는 점이다. 인간의 마음 상태를 이해하시고 또한 치유하시는 성령 하나님이 지금 현재 우리 가운데 계시다는 사실, 이 사실이야말로 가장 기쁜 소식이며 사람들에게 반드시 알려야 하는 놀라운 사실이다.

1부

중독과
내적치유

사례 1편. 사람 중독을 치유하신 하나님
사례 2편. 알코올 중독을 치유하신 하나님

| 사례 1편 |

사람 중독을 치유하신 하나님

30년간 한 사람에게 묶여 있었다.

30년 만에 처음 해본 연락인데

[오빠, 점심시간에 옛날 같이 갔던 바닷가에서 잠시 만나 이야기 좀 들어주세요. 잠깐이면 돼요.]

문자를 보내고 도시락을 정성껏 준비해서 해변에 갔는데 비가 쏟아졌다. 우산도 없어서 쏟아지는 비를 맞으며 기다렸지만 십분이면 올 거리에 있는데도 오빠는 끝내 오지 않았고, 나중에 다른 사람을 통해서 아내가 싫어하니 문자도 전화도 하지 말라는 냉정한 말을 들었다.

그 순간……. 그 순간에 나는 다 무너지고 말았다. 모든 게 의미가 없어졌고 삶 자체가 무너져버렸다. 나 자신이 구걸하는 거지처럼 비참하고 서러웠다.

'끝내자!'

이제는 더 이상 버틸 수가 없었다. 그 즉시 학교 동료 선배에게 전화해서 몇 가지 급한 업무처리를 부탁했다.

나는 30년을 남편이 아닌 다른 사람을 마음에 품고 살았다. 그러다 보니 마음은 완전히 지칠 대로 지쳤고 몸은 어디 하나 성한 곳이 없었다. 호흡이 갑자기 막히고 수시로 극심한 오한과 두통이 찾아왔으며 불면증으로 잠을 잘 수가 없었다. 호흡곤란 증세가 심해져 검사를 해보니 관상 동맥 세 군데가 좁아졌다 해서 급히 수술 날짜를 잡고 오면서 아무래도 더 이상은 생명을 지탱할 수 없다는 생각이 들었다. 그래서 죽기 전에, 수술하기 전에 그 오빠를 한 번만 보고 싶었다.

30년 만이었다. 5월 말, 고향으로 내려가 용기를 내서 그 오빠에게 문자 연락을 했다. 이런 직접적인 연락은 결혼 후 처음이었다. 그런데 이렇게 그에게 거절당한 것이다. 내 전화를 받은 학교 선배는 무엇을 느꼈는지 그 먼 거리를 즉시 달려와 주었다. 그리고 무조건 나를 '내적치유세미나'라는 곳으로 데리고 왔다.

내 고향은 해남 화원반도

　나는 봄이면 진달래가 산을 고운 분홍빛으로 물들이고, 여름엔 널따란 저수지 한가득 연꽃이 우아하게 피어나며, 가을이면 살 오른 붕어와 새우를 마음껏 잡을 수 있고, 겨울이면 저수지가 얼어 썰매를 탈 수 있는 곳, 산새도 바다 노을도 유난히 아름다운 곳에서 태어났다. 그러나 나의 잉태와 출산, 그리고 자라난 가정과 지나온 삶은 너무도 아프고 힘들기만 했다.
　아버지는 부잣집 노련님이었지만 사업과 첫 번째 결혼 실패의 한을 못 이겨 알코올 중독자가 되셨다. 결국, 터 넓은 기와집을 팔고, 산등성이 오두막 초가집으로 이사해야 했고, 거기에서 중풍에 걸린 할아버지, 연로한 할머니, 그리고 자신을 거부하는 재혼한 아내에게 수시로 폭력을 행사하여 온 집안은 항상 공포 그 자체였다.
　영양실조에다 지병까지 생긴 어머니는 아버지를 싫어해서 잠자리를 극구 거부했지만 어쩌다가 여섯 번째 아이인 내가 생기자 희망도 없고 끼니를 이어가기도 힘들었던 어머니는 나를 낙태시키려고 별짓을 다 했다고 하셨다. 언덕에서 마구 구르기도 하고, 간장을 바가지로 퍼마시기도 하고, 한겨울 저수지 얼음물에 하체를 담그기도 하고, 배를 거칠게 쥐어짜기도 하고…….
　이렇게 온갖 방법을 다해도 유산이 안 됐다고 한다. 결국 출산 기미가 있던 날, 애가 태어나기만 하면 바닷가 모래에 파묻어 버리고 내일부터 일을 나가야지 맘먹고 일부러 무거운 짐을 머리에 인 채 온종일 바닷가를 걸어 다니셨다고 한다.

너무 가난했기 때문에 다른 자식들이라도 일단 먹여 살리려면 일을 해야 했고 그동안 태아에게 온갖 학대를 했기에 기형아가 나올지도 모른다는 두려움도 컸다는 것이다. 하지만 해가 져서 달이 떠오르기까지 찢어질 듯한 만삭의 배를 움켜쥐고 걸었지만, 아기는 끝내 나오지 않아 어머니는 탈진한 채 결국 집에 돌아와 쓰러져 버렸다고 하셨다.

그런데 그날 밤

어머니가 소변을 보려고 무거운 몸을 일으켜 요강에 잠깐 앉았는데 애가 스르륵 푹 빠져나왔고, 눈치를 본 건지 크게 울지도 않았다고 하셨다. 어머니는 얼굴조차 확인하지 않고 큰 고구마만한 작은 아기, 기형아일지 모를 그 아기를 요강에서 얼른 건져 혼자 손으로 탯줄을 대강 자르고 헌 포대기에 대충 싼 뒤에 좋은 곳으로 고이 가라 빌고 피를 훔치며 비좁고 어두운 고구마 창고로 기어가 모퉁이에 갓난아기를 푹! 쑤셔 넣고 방으로 들어와 버리셨다고 한다. 그것이 내가 맞은 세상의 첫날이다.

이렇게 아무도 몰래 갓난애를 유기한 어머니는 너무도 괴로워서 식음을 전폐하시다가 사흘째 날 저녁, 아기 시체를 항아리에라도 담아 묻어 줘야겠다고 마음먹고 어둡고 갑갑한 좁은 창고로 엉금엉금 걸어갔더니, 세상에! 젖 한 모금 물 한 방울 못 먹고 버려둔 아기가 피가 말라붙은 채 여전히 살아서 희미한 숨을 간간이 쉬고 있었다는 것이다. 살은 다 문드러졌고 울다 지쳐서 목이 잠긴 아기가 힘없이 눈을 뜨는데 엄마를 쳐다보는 눈망울이 너무 맑고 고와 그 순간 마음이 약해졌다고 한다. 그리하여 숨도 크게 못 쉬는 아길 데리고 와 퉁퉁 부어오른 젖을 물렸더니 사흘 동안 그 시들어 가던 애가 무슨 힘이 났는지 살아보겠다고 젖을 쭉쭉 빨더라는 것이다.

이런 사실은 어느 날 어머니에게 왜 나는 항상 이렇게 몸이 아프냐고 물었더니 이유가 있다고 울먹이면서 들려주셔서 알게 되었다. 그 말을 듣고 보니 내가 왜 이리도 호흡하기가 곤란한지, 왜 그리도 사람들의 사랑을 갈망하고 유독 외로움을 못 견디는지, 폐쇄된 곳과 어두운 것을 유난히도 겁내는지 의문이 비로소 조금 풀리는 것 같았다.

아무튼, 어린 태아 때의 그 탓인지 아니면 30년 동안 가슴앓이를 한 탓인지 나는 극심한 흉통과 두통, 갑상선 기능 저하, 구토, 사지 마비, 역류성 식도염, 편도선염, 불면증, 디스크 등 끝도 없는 병을 달고 살았다.

결국, 어머니는 극심한 가난과 거듭되는 남편의 폭행을 견디지 못하고 내가 초등학교 2학년 때 집을 나가셨다. 어머니가 가출하자 나는 날마다 울며 뒷산에 가서 이름도 모를 신에게 기도하기 시작했다. 하나님은 몰랐지만 막연한 존재인 신에게 성실하고 간절히 기도했는데 기도를 들어주신 것인지 어머니는 자살하러 가다가 포기하고 오랜 후에 집으로 돌아오셨고 우리는 제주도로 이사했다.

비참한 학창 시절

막내인 나는 중학교 때부터 시골 빈집에서 홀로 살다가 고등학교부터는 시내로 옮겨 자취하려니 배는 더 고팠고 더 추웠다. 중학교부터 대학 졸업까지 고등어 한 마리도, 계란 한 판도 못 먹고 살 만큼 극심한 가난에 시달리며 옥상 밑 창고 방에서 전기방석조차도 없이 등산 버너 하나로 모든 걸 해결했고, 차비가 떨어져 새벽부터 굶은 채 학교에 걸어갔다가 밤늦게 돌아와야 했다. 강도가 침입해 죽을 고비도 위험한 일도 여러 번 겪어야 했다. 한번은 너무 배고프고 어지럽고 아파서 한 달 넘게 결석을 했는데 아무도 찾아주지도 않았고 선생님은 내가 결석했다는 사실도 모르셨다. 나는 완전히 지쳐서 살 수가 없었다. 이제는 죽어야겠다고 결심한 순간, 그래도 미련이 있었는지 친구에게 죽을 거라고 나의 속내를 털어놓았더니 친구는 자기가 다니는 교회로 나를 데리고 갔다.

18살 초여름

그리고 그곳에서 내 인생의 기둥, 우상, 올무이자 삶 전부가 되고 내 태양이 되어버린 오빠를 만나게 된 것이다. 그는 대학부 오빠였는데 나를 본 순간부터 마음으로 그리고 물질로 돕고 보살펴 주었다. 차비가 없어 먼 길을 걸어가는 나를 위해 함께 걸어가 주고 간절히 읽고 싶은 책도 사주고, 재밌는 영화도 수시로 보여주고 수련회비도 대신 내주고, 무거운 짐도 들어 주었다. 한 번은 내가 등록금이 없다는 사실을 알고 자신의 재산을 털어 선뜻 돈을 주기도 했다.

부모나 형제 친척들에게도 만 원 한 장도 얻기 힘든 절망의 끝에 선 내게, 큰돈을 대가도 없이 준 그는 예수님 그 이상의 존재가 되어 버렸다. 정말 그를 위해서는 목숨을 내놓아도 전혀 아깝지 않을 것 같았고, 밤이고 낮이고 늘 같이 있고 싶었고, 신 같은 묵상의 대상이자 끝없는 찬양의 대상이 되어버렸다. 가까이 있든 멀리 있든 수시로 생각나고 무엇이든 다 해주고 싶고,

좋은 것을 함께 하고픈 나만의 절절한 연인이었고 밤마다 찾아오는 꿈의 주인공이었다.

사랑하니 놓아줘야 한다.

하지만 부모님의 끔찍한 불화만 보고 살아온 내가 결혼생활을 제대로 할 수 있을까 두려웠다. 더구나 몸도 약하고 모든 것이 부족하다 여겨져서 내가 그 오빠를 진정으로 사랑한다면 나처럼 부족한 이는 그의 아내가 되어선 안 된다고 생각하고 오랜 기도 끝에 예쁘고 참한 후배를 소개해주었다. 그리고 두 사람은 결혼했는데 막상 문제는 나였다. 오빠가 결혼한 이후, 그때부터 삶의 모든 소망이 사라진 채 깊은 우울증과 질병에 쓰러지고 만 것이다. 그러던 중 내 모든 상황을 알고 있는 한 남자와 강제적으로 결혼하게 되었고, 그때부터 내 인생은 완전히 부서졌다.

하나님도 싫고 남편도 싫고 모두가 싫었다. 남편은 그야말로 왕비처럼 공주처럼 참되게 나를 섬겨 주었지만 나는 남편에 대한 분노와 죄책감 등으로 애들도 잘 돌보지 않았고, 결혼하고 세미나에 올 때까지 30년간 남편 밥도 해 준 적이 없었다. 그런데도 남편은 화를 내기는커녕 퇴근 후 11시가 넘도록 요리학원까지 다니며 일식과 양식 요리를 배워서 새벽이면 일어나 전문가 수준의 솜씨로 저녁 반찬까지 다 마련해 놓고 출근을 하며 나 대신 아이들까지 성심껏 양육했다. 세탁, 다리미질, 청소, 요리 등등 모든 것을 손수 다하며 내게는 손 하나 까딱 안 해도 좋으니 같이 살아만 달라고 애원했다.

하지만 30년간 이런 지극한 사랑을 받아도 전혀 기쁘지 않았고 오히려 마음은 더욱 허허롭고 괴롭기만 했다. 남편에게 마음을 주어보려 했지만 도저히 되지를 않았고……. 이렇게 마음대로 안 되는 내 감정을 다스리느라 하루하루가 죽을 것 같았다.

갈수록 불면증, 심장병, 공황장애 등등 온갖 질환이 나를 씨르자 회개도 해보고 기도도 해보고, 멀리 서울로 이사도 하고 온갖 방법을 취해 보았지만 내 마음은 늘 요지부동, 오직 그 오빠를 향한 일편단심 민들레였다. 이렇게 마음은 송두리째 딴 곳에 두고 현실에서는 빈 껍데기로 살아가는 것이 지옥 같았지만 이 삶에서 벗어날 수가 없었다.

세미나에 와서 내가 그동안 빠져있던 것은 순수한 사랑이 아니라 무서운 중독, 사람에 대한 중독이었음을 알았다. 그에 대한 집착과 욕심은 정말이지 단단한 올무 그 자체, 도저히 벗어날 수 없는 어둡고 깊은 웅덩이, 온종일 날 조종하는 무서운 힘, 견고한 마귀의 진이었음을 알았다.

세미나에서 일어난 일들

용서라는 주제로 강사가 말씀하셨다. 그동안 수없이 들은 단어인 '용서'가 그냥 말로 들리는 것이 아니라 묘하게도 말 하나하나가 살아서 내 안으로 들어왔다. 나는 아버지를 용서했고, 부모도 사랑해 주지 않은 나를 부모보다 더 긴 시간 동안 사랑해 주었는데도 결혼 전 내게 했던 행동으로 인해 지금까지 남편을 원망했던 마음을 내려놓게 되었다. 남편을 용서한다고 기도했을 때 갑자기 남편이 불쌍히 여겨지면서 고맙고 그리워지기까지 했다. 내가 짝사랑의 병을 앓듯이 남편도 나를 보며 짝사랑했구나 생각하니 너무도 가슴이 아팠다.

이것이 내가 중독에서 빠져나온 치유의 서막이었다.

엄마 뱃속에 있던 나를 봤다.

용서의 시간 다음에 회상의 기도라는 시간이 있었다. "1개월"이라고 원장님이 나직하게 말씀하셨을 뿐인데 느닷없이 의자가 흔들릴 정도로 가슴과 치아가 덜덜 떨리면서 가슴이 쿵쾅쿵쾅 마구 뛰더니 다시는 경험하고 싶지 않은 폭풍 같은 끔찍한 공포감이 엄습했다. 급기야 주변이 민망할 정도로 울음이 터져 나왔다.

어른인 나는 아무렇지도 않은데 마치 내 안의 어린아이가 마구 불안해하고 감당할 수 없이 괴로워하고 있음을 느낄 수 있었다. 그런데 우는 도중에 희한한 것이 선명하게 보였다. 물속에서 작은 알 같은 것이 이리저리 안타깝게 피해 다니는데 아주 큰 국자 같은 것이 그 알을 수시로 재빨리 보호해서 점점 커가게 하는 것이었다. 그러다 "10개월"이라고 외치자 누군가 날 확 안아서 웃는 얼굴로 내려다보며 고등학교 때 교회에서 들었던 말씀 '두려워 말라 놀라지 말라 내가 너와 함께 함이니라 내가 너를 굳세게 하리라'라는 말씀이 가슴 깊은 곳에서 들리는 것이었다.

그리고 태어나자마자 창고에 버려져 공포와 불안과 초조 속에 우는 아기에게 '내가 너를 창조했고 내가 너를 보호한 자다'라는 느낌, 사랑스러워하는 눈빛으로 '아무것도 염려하지 마라'고 말씀하시는 것이 똑똑히 마음의 귀로 들렸다. 그리고 모든 게 선명해졌다.

원장님이 "1개월" 했을 때 보였던 장면, 물속에서 피해 다니는 작은 알 같은 것은 바로 나였고, 국자 같은 것은 하나님의 손이었구나 하는 생각이 들었다. 그러자 신기하게도 그렇게 죽을 듯 서럽게 울던 내 안의 아기가 풍랑이 멈춘 것처럼 즉시 잠잠해지더니 갑자기 말할 수 없는 무한한 평안과 기쁨이 올라오기 시작했다.

감정이 그렇게 갑자기 바뀔 수 있다는 것이 정말 신기하고 놀랍기만 했다. 그리고 그 순간 알게 되었다. 부모님도 버린 나를, 오로지 한 분, 주님께서 엄마 뱃속에서부터 나를 철저히 보호하셨던 것이다. 그리고 나를 몹쓸 죄인이라고 강하게 책망하시는 것이 아니라 웃으시며 날 사랑스러운 눈빛으로 바라봄을 가슴으로, 영으로 깊이 느꼈을 때 그동안의 나의 외로움, 절망, 죽고 싶음, 열등감, 상처, 미움, 분노, 공허는 줄행랑을 치기 시작했다. 살아오면서 단 한 번도 맛보지 못한 평화와 기쁨이 물밀 듯이 밀려들었다.

그런 감정과 동시에 실제로 내 몸에서 어떤 하얀 우뭇가사리 같기도 한 것이 빠져나가는 것을 느꼈다. 그것이 빠져나가자 내 몸은 완전히 탈진상태가 되어 넘어졌고 사람들은 날 걱정스레 보고 있었으나 몸을 움직일 수가 없었다.

**내가 빠진 것은 집착의 웅덩이,
죽어가는 감옥이었다.**

기도 중에 한 가지가 또 보였다. 내가 깊고 큰 웅덩이 안에서 안간힘을 다해 그 오빠 허리를 억지로 붙들고 서 있는데 주님이 내 손을 잡아 평지로 올려 주시고, 그 오빠는 휙! 산 위로 가게 하시는 장면이 선명하게 보였다.

그리고 지금까지 내 첫사랑을 그 오빠라고 여기고, 어쩌면 그도 날 그리워할지 모른다는 거짓된 생각을 희망처럼 부여잡고 살며 두 마음을 품은 것에 대한 죄책감에 내 몸을 학대하며 그렇게 처절히 지옥 같은 감옥에 살았던 내게, 주님은 '너의 첫사랑은 그가 아니라 나였다'고 하시며 내가 초등학생이었을 때의 기억을 떠올려주셨다.

초등학교 4학년 때, 일주일 금식도 마다하지 않고 기도하고 성경을 외우고 좁고 험한 먼 산길을 무서운 줄도 모르고 날마다 아무도 없는 작은 교회로 달려갔던 나, 아픈 것 낫게 해 주시면 아골 골짝 빈들에도 달려가 전도하겠노라 서원했던 모습이 떠올랐다. 주님은 그 기억을 떠올려주시며 '내가 너의 첫사랑이었다'고 하셨다. 그리고 그 예수님의 사랑이 지금의 남편으로 연결되는 마음이 들었다.

집착과 중독이 사라진 빈자리

그 시간 이후 마음은 한없이 기쁘고 평안했지만, 말로 설명할 수 없이 영혼이 허전하고 온몸에 힘이 빠졌다. 내가 평생을 잡고 살아온 그 힘, 그 긴 세월 동안 붙잡고 있던 힘이 사라지자 마음을 어떻게 해야 할지 감당이 안 되는 것이었다. 무엇이라

설명할 수 없는 허탈감이라 할까? 나는 망연자실 말을 잃었다. 그런데 그날 저녁 집회시간이었다.

강의 중에 십자가에 달린 예수님의 화면을 보여주는데 그것을 보는 순간 갑자기 주님이 나를 쳐다보신다는 생각이 들면서 그 눈빛에 담긴 마음이 내게 정확히 전해지는 것이었다. 그 눈빛은 나를 기다리는 절절한 짝사랑의 눈빛이었다. 내가 삼십 년간 딴사람을 그리며 그를 향해 보냈던 슬프고도 애절한 기다림의 눈빛과 똑같았다.

어떻게 예수님이 나를 이런 눈으로 볼 수 있을까? 그 눈빛이 마음에 들어오는 순간 내 마음은 사랑으로 완전히 무너져 버렸다. 회상의 기도시간에 죽음의 공포에서 벗어났을 때의 울음과는 다른 통곡이 터져 나왔다. 예수님이 나 같은 것을 그토록 열렬히 짝사랑하시다니…….

걷잡을 수 없이 우는 가운데 내 안에서 그동안 완전히 무너져 버렸던 자존감이, 30년 짝사랑하며 주눅이 든 채 사랑받고 싶어 그렇게 몸부림치던 슬픔이 다 사라지면서 무섭도록 허전했던 마음이 가득히 채워져 왔다. 그리고 이제야 공중을 떠돌아다니던 내가 제자리에 왔다는 마음이 들었다.

그렇게 주님을 보고 있는데 갑자기 주님의 손과 가시면류관 그리고 창에 상한 허리 이 세 군데에서 피가 흘러 내 심장 막힌 관상동맥 혈관 속으로 한 방울 한 방울 모두 세 방울이 왼편 가슴에 떨어지면서 내 심장이 그 어느 때보다 힘차게 약동하는 것을 느꼈다. 그리고 가슴과 손이 놀랄 만큼 뜨거워지며 내 심장병이 나았구나 하는 확신이 들었다.

막힌 관상동맥 혈관이 뚫어졌다.
오, 하나님!

세미나 후 6월 13일 병원에 가서 심장 조형 정밀 촬영을 다시 했다. 그런데 놀라운 결과가 나왔다. 사진을 찍었더니 분명히 심하게 막혀 있던 관상동맥 좌측 입구 세 군데가 모두 완벽히 뚫린 사진이 나온 것이다. 의사 선생님도 놀라시며 내 심장병이 완전히 치료되었다고 하셨다.

주님에게서 떨어진 세 방울의 피! 그것은 사실이었다. 이제는 못 견딜 정도로 심했던 헛구역질도 멈추고, 죽을 것 같던 호흡곤란 증세도 사라지고, 부기가 빠져 체중도 줄고, 발걸음도 마음도 가벼워지고, 온몸의 저림과 통증도 없어졌다.

복수하듯 반항하듯 철저히 남편과 가사 일을 외면했던 나는 세미나 참석 후 집에 와서 정성껏 남편에게 밥도 해주었고 집안일도 열심히 하고 아이들도 자주 안아주고, 남편과 함께 기쁘게 사랑으로 손을 잡고 잤다. 이제는 수면제와 협심증 약을 먹지 않아도 평안한 단잠을 잘 수 있다. 운동장을 달릴 수도 있고 마음대로 걸을 수도 있다.

아무 기대도 기도도 없이 절망 속에서 참여한 세미나였는데 주님은 아무 조건 없이 나를 받아 주셨고 사람 중독에서 풀어주셨다. 그리고 내 몸까지 회복시켜 주셨다.

정신건강 해설 1

중독과 내적치유

1. 중독이란

중독이란 물질 또는 행위가 반복적으로 심각한 문제를 일으킴에도 불구하고 자신의 기분을 조절하기 위해 그런 물질이나 행위를 습관적으로 사용하는 것을 말한다.

중독은 일생 동안 갈등으로 시달리게 하는 영향력을 가진 뿌리 깊은 습관이다. 중독은 강박적 사고나 일시적 감정의 충동과는 다르다. 중독은 그 중독 매개체를 통해 기분전환을 경험하게 되므로 그것에 예속되어 삶을 파괴하는 결과가 만들어짐에도 불구하고 끊지 못하는 의존적 관계성을 가진다.

중독은 크게 물질중독과 행위중독으로 나눈다.

물질중독은 마약이나 알코올, 담배와 같이 건강에 문제를 일으키는 물질뿐만 아니라 커피나 건강음료 혹은 비타민제 등도 중독체가 될 수 있다.

  행위중독은 성중독, 관계중독, 종교중독, 쇼핑중독, 성형중독 혹은 운동이나 공부 등등 여러 가지가 있다. 이처럼 중독은 매개체의 종류나 행위에 의해서가 아니라 동기가 무엇인지에 따라 중독 여부가 판가름된다. 그 매개체가 카페인이나 운동 혹은 취미활동처럼 사회 윤리적으로 어긋나지 않는 행위중독은 중독으로 인식되지 않지만, 중독자 곁에 있는 가족들은 그 사람의 삶의 우선순위가 가족이 아니라 중독 매개체라는 것을 알기 때문에 그로 인해 힘이 들고 상처를 받게 된다.

  대부분 중독자는 자신이 심각한 상황에 들어가기 전까지는 중독에 빠져 있다는 것을 인정하지 않으며 언제든지 그것을 그만둘 수 있고 그 관계를 정리할 수 있다고 자신한다. 그러나 중독으로 인한 피해를 깨닫고 멈추려는 순간 이미 자신이 의지하는 물질이나 중독 행위를 멈출 수 있는 힘이 부족하다는 사실을 자각하며 그 결박의 힘이 너무 강해서 벗어나기 어렵다는 사실을 깨닫고 절망하게 된다.

2. 중독에 빠지는 원인 – 상실감과 굶주린 마음

  하나님은 우리 영혼의 생명의 근원이다. 하지만 인간이 그 생명의 근원과 멀어지면서 엄청난 상실감에 시달리게 되고 이로 인해 여러 가지 상실의 증상이 만들어졌다. 이러한 마음의 공허와 상실감을 채우기 위해 하나님이 아닌 다른 매개체를 사용하는 것이 중독의 근본 동기가 된다. 하나님은 우리 마음 안에 있는 텅 빈 상실감의 상태를 아시기 때문에 값없이 와서 양식을 먹으라고 외치시지만, 사람들은 이 말씀을 무시하고 다른 방법으로 해결하려고 발버둥 친다. 하지만 이런 몸부림은 깨진 독에 물을 붓는 것과 같이 하나님 아닌 다른 것으로는 결코 해결되지 않는다.

내 백성이 두 가지 악을 행하였나니 곧 그들이 생수의 근원되는 나를 버린 것과 스스로 웅덩이를 판 것인데 그것은 그 물을 가두지 못할 터진 웅덩이들이니라 (렘 2:13).

하나님의 도움을 거절하고 내 방법대로 빈 마음을 채우려고 헤맬수록 마음의 공백과 굶주림은 더욱 커진다(롬 1:28 참조). 결국, 인생은 상실감을 채우기 위한 끝없는 노력으로 끝이 난다.

주리고 목이 말라 그들의 영혼이 그들 안에서 피곤하였도다 (시 107편 5절).

또한 중독은 마치 로렐라이의 유혹에 빠져 난파하는 선원들과 같다. 아름다운 선율에 이끌려가다 보면 배가 가서는 안 되는 곳으로 가게 되어 결국 배가 난파되곤 하는 로렐라이 언덕은 바로 인간을 유혹하는 중독의 언덕이다. 선원들은 그 죽음의 유혹을 이기기 위해 더 크게 노래를 불렀다고 한다. 이처럼 중독자가 그 덫에서 빠져나오기 위해서는 더 큰 중독, 더 큰 소리가 되시는 예수 그리스도의 십자가의 사랑을 알아가야만 그 결박에서 벗어날 수 있다. 현대는 중독의 시대다. 모든 사람이 중독에 빠져 있다고 해도 과언이 아니다. 돌도 지나지 않은 아이가 스마트폰에 노출되었을 때 중독현상에 빠지기도 한다. 중독은 하나님을 떠난 인간 안에 필연적으로 나타나는 질병 현상이다.

3. 당신 없이는 살 수 없어요 – 사람중독

어떤 대상에게 극도로 의존적 상태를 보이는 현상을 동반의존성이라고 하며 특히 사람에게 극도의 의존 상태가 만들어진 것을 사람중독이라고 한다. 사람중독은 동반의존 중에서 가장 흔한 중독 현상이며 동시에 끊기 어려운 중독 중의 하나다.

사람중독은 깊은 내면의 공허감을 채우기 위해 하나님 대신 사람에게 집착하는 것이다. 은00 씨의 사례처럼 사람중독은 처음에는 순수하고 아름다운 감정으로 출발할 수 있으나 어느 사이에 의존과 중독 상태가 되어 파괴적이고 병리적인 관계가 되어 버린다. 내담자와 상담자 간에도 이런 현상들이 생길 수 있다. 사람중독은 하나님의 자리에 사람을 세워놓은 우상숭배이며 하나님과 관계를 막는 영적 질병이 되기 때문에 결국은 관계의 파괴로 막을 내린다.

폭행하는 남편은 대부분 동반의존성의 문제를 가지고 있다. 의존은 수동적 의존의 태도도 있으나 의존하기 때문에 상대를 자기의 뜻대로 지배하고 통제하려고 하기도 한다. 홀로 서지 못하기 때문에 기댈 누군가를 필요로 하고 그 사람을 자기 뜻대로 만들기 위해 폭행하고 지배하는 것이다. 동반의존성을 가진 자들은 강한 사람 옆에서 조종을 당함으로 안정감을 느끼거나 상대를 통제하고 조종함으로 안정감을 갖는 두 부류로 나뉘게 된다. 이런 관계의 모습은 처음에는 친절과 관심과 사랑으로 보여지기도 하지만 그 동기는 사랑과 전혀 다르다. 자기의 필요를 채우기 위해 상대를 이용하는 것이다.

4. 교회에서 쉽게 나타날 수 있는 동반의존성 관계

교회는 영리집단이 아니라 가정과 같은 공동체 성격을 지향하는 곳이기 때문에 관계에 대한 기대가 높다. 그러므로 교회 안에서 동반의존적 관계들이 쉽게 일어날 수 있다. 이런 병리적인 관계는 이단집단이나 역기능적인 교회 일수록 더 많이 만들어 진다.

역기능적인 교회에서 동반의존적 관계들이 많은 이유는 교인들의 영적 성숙도가 낮기 때문이다. 영적 성숙도가 낮을수록 교인들이 하나님 앞에서 자신의 정체성을 바로 세우지 못함으로 인해 개성화가 이뤄지지 못하고 모든 것이 획일적이고 집단화되는 특성을 보이며 목회자와 교인 혹은 교인과 교인들 간에 동반의존적 관계가 만들어지기 쉽다.

다음은 교회에서 일어난 동반의존적 관계의 사례다.

K는 직장을 다니는 가정주부였고 자기 주관도 강하고 인상도 강해보이는 사람인데 반해 남편은 매우 유약했고 대부분 의사결정을 아내에게 맡기는 형태였다. 이렇게 남편도 좌지우지하는 K였지만 A 여자전도사 앞에서는 마치 딴사람처럼 달라졌다. 다른 사람이 보면 마치 A 전도사의 개인 비서나 종처럼 보일 정도였다. 이런 태도는 K뿐 아니라 그 남편도 마찬가지였다.

A 전도사는 두 사람을 마치 자기 집 하인 부리듯이 부리며 자기의 사적인 일들을 맡기곤 했으나 두 사람은 이런 A 전도사의 태도에 대해 전혀 이상하게 생각하지 않고 이 모든 요구를 당연한 것처럼 받아들였다. 두 사람은 처음에는 교회의 담임목사에

대해 존경심을 가지고 교회 생활도 적극적으로 했는데 어느 날 A 전도사가 불미스러운 문제를 일으키고 교회를 옮기자 그때까지 교회에 대해 별문제도 없던 K 부부도 A 전도사를 따라 교회를 떠났다. K는 담임목사와 전혀 문제가 없었지만 A 전도사가 담임목사를 비방하며 교회를 떠나자 자신도 A 전도사의 행동을 그대로 따른 것이다. 그리고 이런 일들은 여러 차례 계속되어 교회를 옮기곤 했다. K 부부에게는 A 전도사가 교회보다도 우선하는 존재가 된 것이다. 이런 형태가 전형적인 동반의존적인 병리 관계다. 이런 관계가 만들어지는 원인은 그들의 삶을 들여다보면 쉽게 찾을 수 있다.

K는 엄마를 일찍 여의고 집에서 어린 엄마 노릇을 하며 동생들과 아버지를 돌봤다. 하지만 아버지도 매우 유약해서 K는 부모의 안정되고 강한 지시를 받아 본 적이 없었다. 어릴 때부터 집안의 문제를 엄마처럼 해결해온 터라 그녀의 겉모습은 나이에 비해 성숙하고 매우 당차 보였다. 하지만 강한 외향과 달리 그 내면에는 엄마를 간절히 그리워하고 자신을 기댈 보호자를 찾는 마음이 컸다. 게다가 그 남편도 유약한 성격이어서 이 갈망은 더욱 커지던 차였다.

그런데 교회에서 만난 여전도사가 자기를 보면서 '집사님, 내 딸 해!'하며 엄마가 어린 딸 부리듯 지시하고 쉽게 명령하는 모습에 지금껏 누구에게서 느껴보지 못했던 안정감과 보호 받는 느낌이 들었다.

 그때부터 내면적으로 그 전도사의 딸이 되어 의지하고 따르는 의존 관계가 만들어진 것이다. 그래서 A 전도사가 도를 넘는 사적인 심부름을 시켜도 그것이 불쾌하기보다는 오히려 그런 요구를 엄마 같은 사랑이라고 착각했다. 하지만 그것은 건강한 관계가 아니라 종속된 관계였고 신앙생활에도 큰 해를 끼쳤다. K는 점점 자신의 판단력을 잃게 된 것이다.

 A 전도사가 좋다고 하면 좋아 보이고, 나쁘다고 하면 목사도 권사도 모두 나빠 보였다. K가 뒤늦게 자신의 판단이 잘못되었음을 깨달았을 때는 주변의 많은 사람들과 관계도 이미 끊어지고 신앙도 삶도 피폐해 버린 뒤였다. 하지만 K가 자신이 이런 관계에 빠지게 된 원인, 즉 내면에서 보호자를 필요로 하는 결핍이 자신 안에 있다는 점을 인식하고 그런 결핍된 마음을 성숙시키지 못하면 또 다른 A 전도사를 만날 수 있다.

 교회 안의 이런 동반의존의 관계는 힘을 가진 사람이 하나님의 이름으로 상대방을 조종하고 통제하기에 더욱 분별이 어렵고 피해가 심하다. 조종인지 사랑인지는 쉽게 구분이 안 되나 시간이 지나면 서서히 드러나게 된다. 진정한 사랑의 관계는 관계의 강약에 큰 변화가 없으나 조종의 관계는 좋고 나쁜 폭이 크며, 상대가 자기 마음대로 따라주지 않으면 즉시 그 관계는 분노와 미움으로 변해서 깨지게 된다. 뒤에서 험담하거나 시기하고 비방함으로 지금까지 자기가 베푼 모든 것에 대한 대가를 몇백 배로 받아 내려고 눈에 불을 켜는 것이다.

5. 중독치료

중독에 대한 가장 효과적 치료로 알려진 것은 알코올 중독 금주모임인 A.A. 12단계 프로그램이다.

이것은 회복의 12단계 영적 여정을 가지고 1935년 이후 중독치료에서 사용되어 왔으며 회복 성공률은 60% 정도로 추산한다. 이 치료 프로그램은 심리학자에 의해 계발된 프로그램이 아니라 알코올 중독에 빠진 한 사람의 개인적인 회복의 경험에서 시작되었다.

알코올 중독자였던 에비 데처는 알코올 중독에서 벗어나기 위해 오랜 시간 동안 저명한 심리학자 칼 융Carl G. Jung의 심리치료를 받았으나 아무런 효과가 없었다. 그러자 융이 에비 데처에게 하나님만이 당신의 알코올 중독을 치유할 수 있다고 권했고, 에비 데처는 이 말을 그대로 받아들여 복음주의 옥스퍼드 그룹모임에 참여하고 기독교로 귀의하면서 회복의 영적 여정을 밟는 가운데 알코올 중독에서 완전히 벗어날 수 있었다.

그 후 그는 자신의 체험을 살려 다른 알코올 중독자를 돕게 되었고 성공을 거두게 되었다. 결국, 이것이 점점 확산되어 알코올 중독자들을 돕는 A.A. 12단계 프로그램이 된 것이다.

중독 프로그램의 틀이 된 옥스퍼드 그룹모임 프로그램은 인간이 수직적 하나님과의 관계와 수평적 인간과의 관계를 바로 정립시키며, 자신을 바른 그리스도인으로 성숙해가도록 하기 위한 복음주의 영성모임이었다.

결국, 중독자를 그 결박에서 벗어날 수 있게 하는 힘은 세상의 심리학이나 구금 혹은 격리나 훈련보다도 예수 그리스도의 복음이었다. 그러나 이 복음을 어떻게 응용하여 도움을 줄 수 있는 실제적인 약으로 만들 것인지는 사람의 몫이다.

우리나라에서도 여러 공동체나 기관에서 중독자들을 위하여 A.A. 12단계 프로그램을 변형시켜 적용하고 있으나 회복의 성패는 결국 하나님과의 관계에 달려 있다고 프로그램 운영자들은 말한다. 하나님을 비인격적인 생명 에너지나 우주의 힘, 진리 등의 애매한 것으로 정의할 때 12단계 프로그램의 효과는 달라진다.[1]

중독현상이란 결국 하나님으로 채워져야 하는 인간의 엄청난 공백을 다른 것을 통해 채우는 것인데 그 중독 매개체로 인해 삶이 파괴되고 있다. 그렇다면 그 중독 매개체를 끊을 수 있는 가장 확실한 치료는 마음의 공백이 하나님으로 채워지는 것이다.

---

[1] 브루스 리치필드, 정동섭 역, 『기독교 상담과 가족치료 Vol. 4』, 예수전도단, 2002, p.82.

그런데 그 하나님이 자연의 범신론적 비인격적 대상이나 혹은 나와 개인적 관계가 없는 그저 종교적 존재로 인식된다면 그 공백은 어떤 것으로도 채울 수 없을 것이다.

코카인에 중독되었다가 생명의 위협을 느끼고 그 중독에서 벗어난 중독자가 이런 말을 했다.

"코카인 흡입으로 호흡곤란이 와서 그 두려움으로 더 이상 코카인을 사용하지는 않지만 문제는 지금 내 삶에 아무런 재미를 느끼지 못하는 것입니다."

그 슬픈 고백이 인간의 가련한 처지를 설명해주는 것 같았다.

텅 빈 마음을 채울 수 있는 길은 사례자의 경우처럼 인간이 되신 예수 그리스도 안에서 나와 동일시되는 것을 찾아내는 것이다. 내가 한 남자를 짝사랑했던 것처럼 예수님도 나를 그렇게 짝사랑하셨다고 생각된 그 순간 사례자는 자신의 텅 빈 마음이 가득 채워졌다고 말하고 있다.

이 세상에서 굶주리고 목마른 인간이 자기 존재의 허무에서 그리고 자기만이 가지고 있다고 여기는 아픔에서 벗어날 수 있는 궁극적 해결은 예수 그리스도가 나와 같은 사람이었음을 아는 것이다.

6. 중독자는 지지와 격려가 필요하고 구체적인 도움이 필요하다.

사람들은 중독에 빠진 사람을 쉽게 비난하거나 자신과 다른 사람으로 취급하지만, 엄밀히 따져 본다면 예수 그리스도 외에 모든 사람은 그 중독의 종류는 다를지라도 모두 평생 동안 다양한 중독에 빠져있다고 영성 학자들은 말한다. 자기가 아파 본 사람은 아픈 사람을 향해 비난할 수 없다. 중독자를 비난하는 사람은 자신이 중독에 빠져 있음을 아직도 모르는 사람이거나 자신이 빠진 중독에서 벗어나려는 노력을 해본 적이 없어서 중독에서 벗어나기 위한 고통을 모르는 사람이다.

중독은 습관을 고치는 것이기도 하다. 익숙한 습관을 버리고 새로운 습관 하나를 만들려 할 때 얼마나 힘이 드는지를 우리는 경험한다. 가장 실질적인 사례로 그리스도인이 된 순간 우리 모두는 감각으로 살아온 습관을 버리고 믿음으로 사는 새로운 습관을 만들어야 한다. 하지만 보이지 않는 하나님을 보이는 분처럼 믿고 걸어가는 삶이 얼마나 어려운지 경험한다. 그래서 어떻게 해서든지 하나님을 보고 느끼려고 애를 쓰다가 수많은 오류에 빠지곤 한다.

이럴 때 옆에서 서로 격려하며 보이지 않는 하나님을 향해 같이 걸어가자고 하는 믿음의 지체들의 도움이 없다면 누구도 이 믿음의 길을 계속 가기는 쉽지 않을 것이다. 또한, 우리 안에 계신 성령의 도우심이 없이 이 길은 불가능하다. 중독자도 이와 같은 것들이 똑같이 필요하다.

7. 마음이 상한 사람을 고치시는 하나님

필자는 사례자들의 이야기를 최대한 자세하게 적고자 그들이 하나님과 만나는 과정이나 생각의 변화를 세세히 물었고, 그들에게 직접 자신의 이야기를 적어 주기를 부탁했다. 그 이유는 우리는 이 책의 모든 사례의 치유과정 속에서 마음이 상한 사람을 대하시는 하나님의 모습을 주의 깊게 관찰하며 그것을 연구하고 배워 갈 수 있기 위해서다. 은OO 씨의 사례도 마찬가지다. 그의 사례를 보면서 사람을 이해하고 대하시는 성령님의 성품을 엿볼 수 있다.

은OO 씨는 겉으로 본다면 30년간 남편을 거부하고 집안일도 완전히 팽개쳐 버리고, 교회도 멀리한 사람이며 교사이면서도 딴 남자를 마음에 품고 사는 사람이기에 어쩌면 교사의 내적 자격을 따질 수 있고, 간음하다 현장에서 잡힌 여자일 수 있고, 수가성 우물가의 여인처럼 헛된 것을 구하는 여자일 수 있다. 그러나 우리는 은OO 씨의 행위가 죄냐 아니냐를 판결 내리라는 명령을 받지 않았다. 그가 죄를 버릴 수 있도록 돕고 일어날 수 있도록 도우라는 명령을 받았을 뿐이다. 재활과 치료의 의욕을 일으키도록 돕는 것이 중독자를 대하는 기본자세다.

모든 중독자는 이미 스스로 문제가 많다는 점을 인식하고 있다. 은00 씨도 이미 자신에게 매일 수많은 돌을 던지고 있었기 때문에 몸이 망가졌다. 그 남자를 잊기 위해 직장을 옮기고 만나지도 않았다. 하지만 그의 마음은 어떤 의지적인 노력으로도 다스려지지 않았다. 생각을 멈추려 했으나 생각이 멈춰지지 않았다. 정죄감에 교회도 가지 못했다.

예수님은 우리를 심판하러 오시지 않았다. 죄에 빠졌다는 것은 중독에 빠졌다는 것과 같은 말이다. 예수님은 죄에 빠진 사람에게 선고를 내리고 판결을 내리기 위해 오신 것이 아니라 그가 그 죄의 자리에서 일어날 수 있도록 돕기 위해 오셨다.

이 말의 뜻은 죄지은 사람에게 심판이 없다는 뜻이 아니다. 하나님은 하나님의 방법대로 공의롭게 행하신다. 그러나 우리에게는 심판권이 없다. 어느 누구도 (목회자라 할지라도) 죄를 분별할 수는 있으나 집행하고 심판할 권리는 없다. 우리가 해야 할 일은 예수님의 모습을 따르는 것이다. 예수님이 심판하러 오지 않으셨는데 우리가 심판할 수 있겠는가!

성령께서 은00 씨를 치유하시는 과정을 정리해본다.

첫째, 하나님은 은OO 씨가 태중에서 겪은 고통을 보여주시며 하나님이 은OO 씨의 창조주이며 그녀의 고통을 알고 그녀의 생명을 지킨 분임을 보여 주셨다.

둘째, 하나님은 그를 묶고 있는 사람중독의 구덩이에서 끌어올리셨다.

셋째, 은OO 씨의 허무한 빈자리를 알고 계셨고 그곳을 예수 그리스도의 실질적 사랑을 통해 채우심으로 자존감을 채워주셨다.

넷째, 그 과정에 그의 몸이 치료되었다.

은OO 씨의 사례를 살펴보면 인격적인 하나님이 아니고는 결코 해결될 수 없는 부분이 있었다. 그것은 은OO 씨의 마음을 채우고 있던 우상이 사라진 뒤의 빈자리였다. 마치 더러운 귀신을 몰아냈더니 빈집에 다시 더 많은 귀신이 들어온 것처럼 갑작스럽게 비워져 버린 마음이 채워지지 않으면 결국 또 다른 우상에게 사로잡히게 된다. 인간은 상실로 인한 허전함을 감당하지 못하기 때문이다. 은OO 씨는 30년 동안 한 남자에 대한 그리움이라는 엄청난 힘으로 채워져 있었다. 그 힘이 하루아침에 꺾이니 그 허전함은 그를 탈진시킬 정도였다.

거절은 존재의 가치를 잃어버리게 한다. 사랑받지 못한 마음은 존재 이유를 찾지 못한다. 이것은 무서운 상실이며 삶의 의지를 빼앗는다. 그런데 십자가 위에 매달려 계신 예수님의 눈에서 사람들에게 버림받은 거절감과 받아들여지지 않는 짝사랑의 슬픔, 즉 자신과 같은 아픔이 보였을 때 그 즉시 놀라운 기적이 일어났다. 삶의 목적이 사라져 버린 듯한 엄청난 상실감과 허전한 마음이 채워지면서 심장의 막힌 혈관도 치유된 것이다.

8. 중독자를 돕는 방법

주님이 사람중독에 빠진 은OO 씨를 고치는 과정을 통해 상담자가 가져야 할 태도를 정리해본다.

1) 지시적 상담에 치중하지 않도록 주의해야 한다.

법관처럼 선악을 판단해주며 지시적 상담에 중점을 두는 상담자는 중독자에게 도움이 되지 않는다. 중독자는 중독된 그 매개체를 끊을 힘이 부족한 것이지 나쁜 줄 몰라서 끊지 못하는 것이 아니기 때문에 지시적 상담은 잘못하면 중독자를 더 큰 좌절로 몰아세우게 된다.

그렇다면 지시적 상담만을 하게 되는 이유는 무엇인가?

첫째, 중독의 힘이 얼마나 강한지를 정확히 알지 못하기 때문이다.

둘째, 예수님의 구속의 약속이 얼마나 구체적이며 놀라운 것인지를 잘 알지 못하기 때문이다.

  셋째, 구체적으로 성령은 어떻게 사람을 변화시키는지 그 과정을 잘 알지 못하기 때문이다.

  2) '도와주세요' 라고 말할 수 있도록 돕는다.

  중독자에게 자신의 문제와 약함을 솔직하게 노출할 수 있도록 지지해주며 의지적으로 이 문제를 해결할 힘이 부족하다는 현실을 인정하도록 도울 필요가 있다. 중독자는 자신의 문제가 쉽게 해결될 수 있는데 자신의 의지가 약하기 때문에 반복한다고 생각한다. 결국, 자신이 할 수 있다고 믿으며 자신이 결박당했다는 사실을 부인하는 것이다. 하지만 중독치료의 첫 단계는 자신의 힘만으로는 이 문제에서 온전히 벗어날 수 없다는 사실에 대한 인정이다.

  3) 집단 공동체에 들어오게 한다.

  A.A. 12단계 프로그램이 중독치료에 효과를 거둔 이유는 지시적인 방법 안내가 아니라 공동체의 성격을 가진 지지모임이었다는 점이다. 더구나 중독을 이미 경험했고 그 결박에서 풀려난 사람들이 그 지원 그룹 안에 있으므로 중독자는 계속 용기를 얻고 중독의 오랜 습관에서 벗어날 수 있었다. 이것은 건강한 교회 공동체의 특징과 같다. 사람중독을 비롯한 모든 심리 질병의

치유는 예수 그리스도의 복음을 바로 알아가고 적용하도록 서로 돕는 집단 공동체의 역할이 절대적으로 필요하다.

생각해 보고 함께 나눠 봅시다.

1. 은00 씨가 사람중독에 걸리게 된 삶의 배경에 대해 나눠 봅시다.
2. 사람중독에서 빠져나오게 된 과정을 서로 나눠 봅시다.

| 사례 2편 |

알코올 중독을
치유하신 하나님
분노는 나를 알코올 중독자로 만들었다.

나는 그들을 도저히 용서할 수 없었다.

학교와 교회밖에 모르고 몸 찬양과 성가대로 열심히 교회 일을 섬기던 딸이 어느 날 놀란 얼굴로 들어오더니 사모님이 갑자기 자기를 불러서 몸 찬양이나 성가대 어느 것도 하지 말라고 했다고 말했다. 갑작스러운 딸아이의 말에 어리둥절해 있는데 전도사가 오더니 사모님께서 이번 주부터 강OO는 싱어로 세우지 말고 모든 찬양단 활동에서 빼라고 지시하셨다는 것이다. 도대체 무슨 일인지 사모님에게 가서 물어보니 사모님의 설명은 기가 막혔다.

　강00와 같이 찬양단 활동을 하는 자기 아들이 우리 딸을 좋아하는 것 같아서 못하게 했다는 것이다. 자기 아들은 장차 하나님이 크게 쓰실 것인데 우리 딸과 사귀기라도 하면 절대 안 되는 일이니 만일 계속 사역을 하면 자기들이 교회를 옮기겠다고까지 하셨다. 정말 하늘에서 날벼락을 맞는 것 같았다.

　이제 겨우 고1인 어린 아이를 두고 실제 사귀는 것도 아니고 자기 아들이 좋아한다는 이유로 이렇게까지 할 수 있을까? 나는 지난 시간들이 주마등처럼 스쳤다.

　엄청난 재산을 부도로 다 날리고 주님을 붙들고 싶어 이곳 교회에서 신앙생활을 아주 열심히 했다. 그러다 보니 정말 내 모든 힘을 다해 섬겼는데 다만 우리 집이 가난하다는 그 이유만으로 어린 아이들에게 이렇게까지 할 수 있을까 생각되었다. 옛날 같으면 곁에 와도 쳐다보지도 않을 사람들인데……. 7년 기도 끝에 낳은 귀한 딸을 도대체 작은 교회 사모 따위가 뭔데 이러냐 싶어서 가슴에서 불이 끓었다. 딸아이는 뒤늦게 이런 사실들을 알고 자기가 그 오빠와 사귀는 것도 아닌데 뭘 잘못했는지 이해할 수 없다며 다시는 교회 안 다니겠다며 울부짖었다.

　딸의 이런 모습을 보면서 나는 분노로 숨이 차올라 숨도 제대로 쉴 수 없었고 이 사건은 전 재산을 잃었을 때보다도 더 우리 가족 전체를 힘들게 만들었다. 남편은 자기가 변변치 못해서 딸에게 이렇게 큰 상처를 받게 한 것 같다며 가슴을 찢으며 아파했다.

나는 이렇게 살았다.

내가 5살 정도였을 때 생각나는 것은 매일 외할머니와 엄마와 같이 절에 올라가서 아침부터 저녁까지 부처님께 절하면서 동생이 태어나게 해달라고 빌고 집으로 돌아오곤 했던 일이다. 아버지는 절을 짓는 분이었고 우리 가족은 항상 물질적으로도 풍족하고 별다른 어려움이 없었다. 큰딸인 나는 아버지의 특별한 사랑 속에서 자랐고 등하교 때는 아버지와 할머니께서 데려다주고 데리러 와주셨다. 교회와는 연관도 없던 내가 교회를 다니게 된 것은 결혼 한 달 전부터다.

시댁은 4대째 신앙 가문이었는데 내게 결혼하려면 학습 세례를 받아야 한다고 해서 마음에도 없는 학습 세례를 받았고, 주일성수하며 부잣집 도령인 착한 남편과 아무 탈 없이 평온하게 살았다. 시부모님이 물려준 재산으로 남편 사업도 번창해서 부족한 것이 없었는데 다만 한 가지 문제는 아이가 생기면 자꾸 자연유산이 되는 것이었다. 그래서 어머니가 동생 낳아 달라고 절에서 기도했듯이 새벽마다 교회에서 아이가 생기게 해달라고 기도했다. 열심히 새벽에 나가 1년 정도를 기도한 후에 결혼 7년 만에 임신이 되어 그렇게도 기다린 첫 딸이 태어났고 그 뒤 1년 후에 아들이 태어났다. 애들까지 생기고 보니 정말 아무것도 부러울 것이 없었는데 어느 날 큰 사건이 생겼다. 아들이 3살쯤 되었을 때 유아실에서 유리를 뚫고 밖으로 튕겨 나가 버린 큰 사고가 난 것이다. 유리가 아이의 눈을 찔렀지만, 다행히 눈의 흰자를 찔러 실명되지 않았다. 그런데 그때 목사님께서 "집사님, 아무리 재산이 많아도 하나님이 불어 버리시면 한순간 다 날아갑니다. 아들을 치시는 것은 주님에게 집중하라는 신호입니다." 그러나 난 속으로 비웃었다. 아무리 하나님이 불어 버린다 해도 어떻게 이 많은 재산이 없어질 수 있겠나 싶었다.

남편의 부도, 그리고 열심을 다한 신앙생활

하지만 어느 날, 번창하던 남편 사업이 부도가 나면서 정말 그 많은 재산이 다 날아가 버렸다. 그러자 문득 그 목사님의 말이 생각나서 두려워졌다.

"그래, 이제는 오직 주님만 믿고 살자!"

우리는 결심하고 아예 고향을 떠나 충청도라는 새로운 터에 자리를 잡은 뒤 오로지 교회 생활에 집중했다. 일하고 난 후 모든 시간은 새벽 제단부터 시작해서 모두 교회에서 살았고 교회의 모든 살림까지 최선을 다해 봉사하며 섬겼다. 부모가 이러니 우리 딸은 더 열심히 교회를 섬겼는데 이런 사건이 난 것이었다.

지긋지긋한 교회,
그러나 하나님이 무서워 안 다닐 수도 없고

분노밖에 없었다. 교회라면 지긋지긋했지만 하나님이 무서워서 교회를 안 다닐 수도 없고 어찌해야 할까 고민하다가 주일이면 나를 숨길 교회를 찾아 돌아다녔다. 딸은 자기는 쓰레기만도 못한 존재라며 주일만 되면 더 심하게 우울증 증세를 보이고 죽고 싶다고 했다. 힘들어하는 딸의 모습을 볼 때마다 나는 그 목사님과 사모님을 원망하고 또 원망했다.

7년을 기도해서 얻은 금지옥엽 귀한 딸이 공부에 집중도 못하고 하나님을 원망하며 망가져 가는 모습을 보면서 나는 화병으로 잠이 안와 술을 먹기 시작했다. 이렇게 시작된 술 한잔이 점점 늘어 나중에는 아예 밥은 먹지도 않고 술만 먹고 하루하루를 보냈다.

이런 와중에 우리 가족들은 모두 교회에 발을 끊었지만 나는 옛날 목사님의 말이 생각나서 나 혼자라도 교회를 나가야지 안 그러면 더 큰 일이 일어날 것 같은 위기감이 들어 주일이면 양치질을 하고 향수를 뿌리고 아무 일 없던 것처럼 혼자 교회를 나갔다.

1.8리터 소주병을 끼고 살면서

마음의 상처를 입고 떠돌다가 다시 어렵게 선택한 교회는 막 개척한 교회로 성도는 20명 정도인데 오래 된 교회 건물을 인수한 교회여서 건물은 컸다. 나를 숨기기에 딱 좋겠다 싶어 교회를 다니고 있었는데 알고 보니 이 교회 목사님이 내적치유라는 것을 하시는 유명한 분이라고 했다. 하지만 그런 것도 아무 관심이 없다가 교인들이 가니까 나도 의무적으로 담임목사님이 하시는 세미나에 참석했다.

세미나에 참여하기 전날도 1.8리터짜리 소주를 다 마실 정도로 상태가 심각했고 우울증도 심했지만, 교인들과 말을 하지 않으니 아무도 내 상태를 알지 못했다. 그런데 세미나 장소에 들어가서 앉았는데 갑자기 숨을 쉴 수 없을 만큼 불안감이 엄습해 왔다. 두려워서 도망가고 싶은 것을 억지로 누르고 강의를 듣고 있는데 몇 사람들이 나와서 자신이 체험한 일들을 말하는 것이었다. 그 말을 들으면서 나는 은혜를 받기보다는 모두 사람들을 속이는 속임수라고 생각했다.

'그런 일이 어디 있어? 모두 서로 짜고 치는 고스톱이지' 하면서도 무엇인가 두렵고 이상한 기분으로 첫날을 겨우 보냈다.

마음의 화병을 없앤 불덩어리

그런데 두 번째 날이었다. 강의시간에 목사님께서 용서하지 못한 사람이 있으면 예수님의 이름으로 용서한다고 말해보라고 하시는데 무슨 힘인지 갑자기 내 입에서 큰 소리로 '목사님 사모님을 용서합니다. 하나님 나도 살고 싶어요!' 하는 탄식이 터져 나왔다. 이런 말을 하려고 생각한 적도 없었는데 이 말이 나도 모르게 터져 나온 것이다.

그러자 그 순간 내 앞에 그 목사님과 사모님 그리고 그 아들이 영화 속의 장면처럼 보였고, 우리 가족도 필름이 펼쳐지듯 한 사람씩 스쳐 지나가는데 나는 통곡하며 그들을 용서한다고 했다. 그러자 갑자기 벌건 해같이 둥그런 물체가 내 가슴을 향해 들어왔고 나도 모르게 움찔하며 몸을 피했으나 그것은 내 가슴을 정통으로 밀고 들어와 버렸다.

그 순간 나는 가슴을 끌어안으며 용서하겠다고 울부짖었다. 그러자 '힘들었구나, 힘들었지? 내가 너를 지킬 것이다. 두려워하지 말라' 하는 말이 내 심령 깊은 곳에서 울려 퍼지는 것이었다. 얼마 후 벌겋고 해 같은 것은 내 가슴 안에서 사라지고 앞이 파랗게 되는 느낌과 함께 가슴이 시원하다고 해야 할까? 막히고 눌리고 열이 올랐던 가슴 안에 파란 불빛이 가득 채워주고 있는 듯했다. 그리고 얼마나 눈물이 나오던지 한 시간쯤 울었던 것 같다. 그렇게 2박 3일을 보내고 집에 와서 남편에게 내가 겪은 일을 이야기했더니 남편이 불 성령 체험을 했다면서 기뻐했다.

술 생각이 사라졌다

그런데 세미나 다녀온 후 며칠이 지나서였다. 어느 날 문득 내가 술을 먹고 있지 않다는 것을 깨달았다. 내가 술을 먹지 않고 있다는 것조차 의식하지도 못할 만큼 술 생각 자체가 안 나서 잊고 있었던 것이다. 하루에 1.8리터 소주병을 들이키고도 술이 부족했던 내가 하루아침에 술 중독에서 벗어난 것이었다.

변화는 2박 3일 동안의 세미나에서 시작되었고 그 후에도 계속해서 일어났다. 내가 얼마나 딴사람이 되었는지 한 가지 예를 든다면, 한번은 교회에서 신년금식기도집회에 참여하고 있었는데 딸에게서 급한 전화가 왔다. 아빠가 갑자기 눈이 안보여서 응급실에 갔다가 중환자실에 입원했다는 것이다. 남편은 당뇨가 심한 상태여서 당뇨로 인한 실명은 회복하기 어렵고 매우 치명적이라는 것을 알고 있었지만 내 마음은 놀랍도록 평온했다. 나는 전화에 대고 우는 딸에게 담담히 말했다.

"주님의 뜻이라면 받아들여야지. 그러나 걱정하지 마. 주님이 다 좋게 해 주실 거야!"

딸은 나중에 말하기를 '정말 우리 엄마가 미쳤나?'하는 생각이 들었다고 했다. 그 위급한 상황에 어떻게 그런 말을 할 수 있을까 싶었다는 것이다. 나도 모른다. 그러나 다만 용서의 기도 이후에 나는 딴사람처럼 완전히 달라졌다. 하나님에 대한 생각도 달라졌다. 그선 교회에서 상처받으면서 생각했던, 그 눈으로 봤던 주님이 아니었다. 말을 듣지 않으면 돈도 다 뺏고 자식도 치시는 무서운 하나님, 술중독이라고 나를 미워하는 분이 아니라 주님은 내 화병을 이해하고 계신 분이었고 나를 치료해주시는 분이었다.

**돈으로 사기 친 교인보다도
그 사모님을 더 용서하기 어려웠다.**

사실, 전에 다녔던 교회에서 당한 일은 그일 뿐만이 아니었다. 부자가 망해도 3년은 간다는 말이 있듯이 부도로 전 재산을 날렸어도 우리는 먹고살 만한 돈이 있었다. 그런데 한 교인이 보증을 서 달래서 그렇게 해주었는데 교인의 그 빚이 사채였다. 그 교인은 나중에 도망가 버리고 그 사람의 사채 빚은 고스란히 내 앞으로 떨어졌다. 시간이 지나면서 사채는 이미 엄청난 액수로 불어 있었다. 딸 문제도 너무 괴로운데 이런 일까지 교인에게 당했다는 말을 남편에게 도저히 할 수 없어서 혼자서 그 엄청난 사채를 갚기 시작했다. 이렇게 사채 원금의 몇 배를 갚았지만, 눈덩이처럼 불어나는 사채 이자를 감당할 길이 없어서 무려 10년이 된 지금까지도 그 사채 이자를 갚으며 그로 인해 당한 협박과 피해는 말로 다 형용할 수 없다.

그런데도 그 교인보다 내 딸에게 상처를 입힌 사모가 더 밉고 그 상처가 더 아팠다. 하지만 주님의 불덩이가 들어온 후 모든 일이 달리 생각되었다. 우리가 재산을 다 날리고 이렇게 된 것도 주님이 우릴 싫어서 치신 것이 아니라 우리 시어머니의 간절한 기도를 이루시기 위한 주님의 사랑이었구나 싶어졌다.

내 신앙의 모델인 시어머니는 항상 당부하시기를 '남편 믿고 살지 말고 하나님을 믿고 살아야 한다. 하나님을 바로 섬기는 하나님의 사람이 되어라. 그게 내가 네게 바라는 전부다' 하셨지만, 그때는 그 말을 한 귀로 듣고 한 귀로 흘렸는데 어머니의 기도대로 나는 이제 주님만 바라보며 사는 사람이 되었다. 부족한 것 없이 큰 사모님이란 말만 듣고 살았다면 내가 어떻게 이런 신앙을 가졌겠는가!

그리고 옛날 교회에서 그 사모님이 우릴 그렇게 내쫓은 것도 하나님의 사랑이었다는 생각이 든다. 그런 일이 없었다면 나는 잘못된 신앙생활을 열심히 했을 것이다. 나는 최우선 순위로 교회를 섬겼지만 그것은 내 열심, 내 방법으로 신앙생활 하는 것일 뿐 하나님이 내게 원하시는 것은 달랐던 것 같다.

하나님은 내가 하나님이 어떤 분인지를 더 알아가길 원하셨고 더 깊이 성숙하기를 원하셨다. 또한, 주님이 맡기실 귀한 소명이 내게 있었다. 하나님이 어떤 분이신지 잘 알지 못한 채 그저 열심히 신앙생활만 하면 되는 줄 알았고, 그렇게 하다 보니 시험이 오자 그렇게 밑바닥까지 무너져 버렸다는 것을 알았다. 그런 가슴 아픈 일이 없었으면 우리는 계속해서 그곳에 안주했을 것이고 그것이 전부인 줄 알았을 것이다.

그래서 지금은 진심으로 그분들을 용서하고 그 사건을 감사히 생각한다. 어느 때는 그 사모님이 앞에 없는데도 '사모님 감사해요. 그 교회를 빠져나오게 해주셔서' 라고 말할 때도 있다.

남편은 내가 180도가 아니라 완전 딴사람이 되어버렸다고 한다. 시댁에 가면 친척들이 옛날 그 도도한 부자 사모님 맞느냐고 말한다. 우리 친정 식구들도 모두 나로 인해 하나님을 믿게 되었다.

**큰 사모님에서 찜질방 매점원으로
추락했어도 부끄럽지 않다.**

부잣집에 시집가서 호의호식하며 살던 내가 몇 년간 찜질방 매점에서 일하고 있지만 조금도 부끄럽지 않다. 오히려 찜질방에 온 손님들에게 열심히 예수님을 전하고 내가 체험한 것을 전한다. 교회 안에서도 여전도 회장으로 열심을 다해 섬기며, 남편과 나는 죽을 때까지 나처럼 가슴에 한이 맺히고 병든 사람들을 돕자고 맹세했다.

주님은 계속해서 우리 가정 안에 새로운 회복을 일으키고 계신다. 남편도 회복시키셔서 일을 주시고, 아들도 장학금을 받으면서 공부도 잘하더니 원하는 곳에 취직해서 잘 다니고 있다. 딸도 우울증에서 벗어나 좋은 배우자를 만나 행복하고 즐겁게 살고 있지만 안타까운 것은 어린 청소년기에 교회에서 너무 충격을 받아서인지 교회 사역에 집중하지 못한다. 난 우리 딸도 언젠가 나처럼 마음속 깊은 아픔의 기억들이 다 치유되어 그 가슴이 파란 주님의 빛으로 가득 채워질 날이 올 거라 믿는다.

정신건강 해설 2

알코올 중독 그리고 용서

1. 잘못을 뉘우치지도 않는 사람을 용서해야 하나?

용서는 어느 누구에게도 쉽지 않은 일이다. 그리고 그것은 한 번으로 끝나는 일이 아니라 사건이 생길 때마다 적용해야 하기 때문에 더욱 어렵다. 더더구나 가해했으면서도 오히려 더 큰소리치며 자기 잘못을 뉘우치지도 않는 사람을, 피해자인 내가 먼저 용서해야 한다는 논리는 도저히 받아들이기 어렵다.

하지만 스캇 펙Morgan Scott Peck은 누군가가 자신에게 얼마나 큰 잘못을 저질렀는지를 곱씹는 것은 끊임없이 자신의 뼈를 물어뜯는 것이라고 비유했다. 그리고 이 비난 게임을 멈추는 방법은 용서하는 것이라고 했다. 비난 게임을 먼저 멈추는 것은 너무도 어려운 일이지만 정신 건강을 위해서 절대적으로 필요하다

고 말한다.[2]

사람들에게 가장 깊은 상처를 남기고 분노와 증오심에 갇혀 버리게 만든 사건들은 성적인 폭행이나 추행 그리고 강OO 엄마처럼 종교 집단으로부터 학대나 상처를 입은 경우였다.

강OO 엄마는 자기가 보증을 서 준 교인이 야반도주함으로 인해 10년 이상을 사채업자에게 시달렸고, 교회 사모에게도 큰 고통을 당했다. 상처를 받고 교회를 떠났지만, 그 고통과 피해는 멈춰지지 않았고 오히려 시간이 갈수록 더욱 커졌다. 사채는 눈덩이처럼 커졌지만, 남편에게도 이 사실을 알리지 못한 채 사채업자들의 무서운 협박에 시달렸다. 이런 사건으로 인해 교회를 불신하게 되고 신앙마저 중단한 자녀들을 보며 사모에 대한 분노는 더욱 커졌다. 교회를 떠났어도 사건은 잊혀지지 않았고 분노로 잠을 잘 수 없었다. 강OO 엄마는 잠을 자기 위해 술에 의지해야 했고 결국 알코올 중독 환자가 되었다.

사람에 따라서 단 몇 개월 정도만 술을 과다 복용해도 심각한 간 손상을 가져올 수 있을 만큼 술의 과다 복용은 몸을 해치는 것이다. 강OO 엄마 안의 분노와 적개심은 알코올 중독으로 이어져 결국 몸까지 파괴하는 결과를 만들고 있었다. 적개심과 원한 맺힌 마음은 먼저 자신의 몸과 영혼을 파괴하고 그 다음 상대방에게 독을 분출시킨다. 피해자는 상처받은 아픔으로 인해 몸과

---

2 스캇 펙, 『끝나지 않은 여행』, 율리시스, 2011, pp.46-49.

마음이 파괴되어 가지만 가해자는 자신의 행동을 인식하지도 못할뿐더러 그 사건 자체를 잊었을 수도 있다.

결국, 피해자 혼자 자신의 뼈를 물어뜯고 있는 것이다. 그러므로 하나님은 피해자를 살리기 위해 피해자에게 용서하라고 하시는 것이다. 용서한다고 해서 가해자가 죄를 면제받는 것은 아니다. 죄에 대한 심판은 인간의 영역이 아니다. 모든 상황을 가장 정확히 알고 계시는 하나님만이 하나님의 방법으로 행하신다.

2. 용서란 이해해주는 것인가? 아니면 감정을 바꾸는 것인가?

용서란 무조건 가해자의 행동을 이해하고 덮어 주는 것이 아니라 그가 내게 어떤 해를 끼쳤는지, 그리고 그로 인해 나는 어떤 상처를 입었는지를 정확히 직면하고 그것들을 하나님의 방법으로 처리하겠다고 결정하는 것이다.

강OO 엄마는 다 지난 일이라고 체념했다. 잊으면 해결된다고 여겼다. 하지만 마음 안에서 그 독은 사라지지 않았고 계속해서 퍼져갔다. 그러나 그 독이 멈춰진 순간이 있었다.

'하나님, 용서할게요' 라고 하나님 앞에서 선포한 순간이었다. 마음을 정확히 결정하고 선언한 순간, 불덩이 같은 것이 가슴으로 들어왔다고 한다. 모든 사람이 용서를 선포한다고 해서 강OO 엄마와 같은 체험을 하는 것은 아니다. 그러나 용서하겠다는 분명한 선택을 할 때 그 순간부터 분명 변화가 일어난다. 영적인 결박이 풀리기 시작한 것이다. 용서하겠다는 선포는 비난 게임을 멈춘다는 선포이며 결박이 풀리는 시작이다.

3. 가깝기에 주고받은 아픔들

용서해야 할 만큼 사연이 있는 대상은 멀리 있는 연예인이 아니라 매일 보고 사는 가족이나 친척이나 친구들이다. 그러다 보니 우리는 매일 보고 함께 사는 사람들 사이에 일어난 일들은 용서한다기보다는 말하기 싫으니 그저 덮어버리고 이해하고 참아버리는 식으로 넘어간다.

'나만 참으면 돼요', '우리 아버지가 내게 그런 행동을 하셨지만, 아버지도 아픈 분이었으니까요', '저는 이해합니다'라는 식이다.

상처를 받았으면서도 이렇게 사건을 처리하는 것은 이해심이 깊어 보이고, 어느 정도 미봉책은 될 수 있으나 마음 깊은 곳에 있는 분노의 쓴 뿌리는 대부분 남아 있게 된다. 이 쓴 뿌리가 자라서 점점 관계를 멀어지게 만드는 것이다.

용서는 이해가 아니라 하나님 앞에서 결정하는 것이다. 또한, 용서는 상대에 대해 좋은 감정을 느끼려는 노력이 아니라 의지적 선택이다. 감정은 내가 의지적으로 선택할 수 없다. 우리가 할 수 있는 것은 이 사건을 하나님께 완전히 맡길 것인지, 비난 게임을 멈출 것인지를 선택하는 것이다.

4. 서두르지 말고 치우치지 말라

착한 아이 신드롬에 걸린 사람 중에는 용서해야 한다는 압박감으로 인해 정상적인 고통의 반응조차도 스스로 허용하지 못하는 경우가 있다. 스캇 펙 Morgan Scott Peck 은 이것을 '값싼 용서'라고 했다.

상대방으로 인해 받은 고통과 아픔을 직면하지 않고 서둘러 이해하고 용서하는 방법만을 취할 때 오랜 악행을 묵묵히 감내하게 될 가능성이 크며 그러다 보면 정의와 자비의 요구 사이에 존재하는 미묘한 균형감각을 놓치고 만다고 스티븐 체리 Stephen Cherry 신부는 말하며, 넓은 의미에서 원한도 용서에 포함된 감정이라고 한다.[3]

예수님은 우리에게 감정을 무시하는 삶을 살라고 요구하시는

---

3 스티븐 체리, 『용서라는 고통』, 황소자리, 2013, p.199.

것이 아니다. 악한 행동에 대한 분노는 정당한 것이다. 칼에 찔리면 아픔을 느끼는 것이 정상적인 것이다. 건강한 사람이라면 아픔과 고통을 충분히, 정확하게 직면하고 그 심판의 방법과 선택권을 하나님께 맡겨야 한다.

다윗은 그의 기도 가운데 원수에 대한 감정을 숨기지 않았다.

복수하시는 하나님이여 빛을 비추어 주소서 (시 94:1).

주께서 내 원수들에게 등을 내게로 향하게 하시고 나를 미워하는 자들을 내가 끊어버리게 하셨나이다 (시 18:40).

하나님은 복수의 하나님이며 하나님의 날은 복수해 주시는 날이다(사 61:1-3). 하나님의 손에 모든 사건을 맡기는 것이야말로 최선의 복수이며 가장 현명한 해결이다. 이것을 신뢰해야 한다.

5. 용서의 달인은 없다.

예수님이 주기도문에서 용서에 대해 언급하실 만큼 인생사에서 용서는 매일 필요하고 절실한 실천 사항이다. 용서에 달인은 없다. 용서는 우리의 타고난 본성, 즉 해를 받으면 갚아주고자 하는 본성을 거스르는 일이기에 힘이 들 수밖에 없다. 이렇게 어렵기 때문에 자신이 하나님께 용서라는 큰 은혜의 빚을 진 사람이라는 사실을 깨닫는 사람만이 용서를 선택할 수 있다. 용서하겠다는 갈등이 일어나는 것은 하나님의 은혜이며 하나님의 영이 만지신 흔적이라고 말할 수 있다.

생각해 보고 함께 나눠 봅시다.

1. 강OO 엄마가 알코올 중독에 빠지게 된 사건은 무엇이었습니까?
2. 비난 게임이란 무엇입니까?

2부

불안장애와 내적치유

사례 3편. 대인공포증에 갇힌 사람과 하나님

| 사례 3편 |

대인공포증에 갇힌
사람과 하나님
교회 장로이지만 사람이 무서웠다.

도망가야지

장맛비가 내리고 있었다. 외출할 일이 있어 차 문을 여는데 차 문에 엽서가 끼워져 있었다.
[김 장로님, 아무리 생각해봐도 세미나에 다녀오시는 것이 하나님의 뜻인 것 같습니다. -사모-]
벌써 수없이 내게 세미나를 권하신 교회 사모님의 엽서였다.
세미나 바로 하루 전날이었다. 그동안 수없이 권하셨어도 나는 이런저런 핑계를 대며 거절했는데 난생처음 누군가 나에게 이렇게 정성스레 써준 엽서를 보니 감동도 되고 그 정성에 다녀와야겠다고 생각했다. 하지만 마음은 정말 천근이었다.

매일 보는 작은 시골 교회 교인들 얼굴도 쳐다보기 힘들어서 나를 모르는 딴 교회로 도망가려고 매일 궁리하는 내가 그렇게 사람이 많은 곳에 갈 수 있겠는가! 생각만 해도 식은땀이 났다. 남들 보기에 나는 장로이며 부지런하고 자식도 잘 키워서 아무 어려움도 없어 보이지만 실상은 극심한 대인기피증 환자였다.

어릴 때부터 친구들과 어울려 놀지도 못하고 먼발치에서 친구들의 노는 모습만을 바라보며 유년기를 보내서인지 나는 항상 외롭고 혼자라는 생각만 들었다. 꿈속에서도 너무 외로워 울면서 잠에서 깰 때도 많았다.

결혼 적령기가 되어 결혼했는데 아내는 성격이 나와 완전히 반대였다. 풍기는 인상부터 다르다. 사람들과 관계도 활달하고 어떤 문제든지 해결도 잘하고 내가 없는 것을 다 가진 사람이어서 어찌 보면 아내는 너무 넘쳐서 문제, 나는 너무 모자라서 문제인 것 같다. 이러다 보니 관공서 일이며 집안 대소사 모든 결정은 아내가 도맡아서 하고 나는 아내 없이는 아무것도 할 수 없었다. 전화도 못 받고 혼자는 차도 못 탄다.

내 삶이 어느 정도인가 하면, 어느 날 아내가 빨리 오지 않아 혼자 집에 있으니 출출하고 며칠 전 먹었던 건빵 생각이 났다. 하지만 그 가격이 얼마인지 알 수가 없었다. 혼자서 물건을 사본 적이 없었기 때문이다. 그래서 언젠가 아내 손에 동전 세 개가 있던 생각이 나서 나도 동전 세 개를 들고 동네 가게에 가서 건빵 두 봉지를 들고 백 원짜리 세 개를 건네주었다. 그러자 가게 아주머니가 눈을 크게 뜨고 왜 이렇게 주냐고 말하는데 그 말에 그만 혼비백산해져 건빵도 못 사고 집으로 도망 와버렸다.

정말 나 자신이 왜 이렇게 살 수밖에 없는지 죽고 싶었다. 그나마 내가 할 수 있는 일은 농사짓는 일이었다. 나는 새벽 5시부터 밤까지 오직 일만 했다. 그렇게 일을 해야 제대로 산 것 같았다. 일하는 순간만큼은 아무 생각도 나지 않고 사람도 만나지 않아서 행복했다. 그러나 일이 없으면 나 혼자 도태되는 것 같은 위기감이 들고 불안하고 두렵고 견딜 수가 없었다. 그런데도 교회만큼은 열심히 다니다보니 교회 안빠지고 일만 하는 내가 성실해 보였는지 40대 후반에 장로가 되었다. 그런데 장로가 되면서 내가 제일 힘들어하는 사람 만나는 일이 더 많아졌다.

사람이 어떤 일을 거듭 학습하면 잘한다고 하는데 그것도 아무 소용없고 불안증은 더욱더 심해졌다. 사람 만나러 가기 두 시간 전부터 기도로 준비하고 갔는데도 막상 만나면 힘들어서 서로 대화하다가도 화장실로 도망가 마인드 컨트롤을 하고 온다.

'내게 능력 주시는 자 안에서 모든 것을 할 수 있다. 너는 할 수 있어. 염려 마! 너는 잘 할 수 있을 거야! 저 사람은 너를 좋아해!' 등등 불안해서 별짓을 다하는 것이다.

그런데 상태는 점점 더 심해져서 어느 순간부터 사람을 쳐다보고 있으면 내 얼굴에서 나쁜 기가 나와 그 사람에게 전해진다는 느낌이 들었다. 그리고 그것을 상대방도 느껴서 나를 더 싫어한다는 생각이 들었고, 그때부터는 머릿속이 하얗게 되어 할 말도 다 잊어버리고 몸이 떨리기 시작했다. 말도 더듬거리고 상대 얼굴도 똑바로 볼 수가 없어서 결국 도망치듯 자리를 피하곤 했다.

이런 지경이니 장로로서 일을 할 수가 없었다. 날이 갈수록 교회에서 사람들 만나는 일이 힘들고 괴로워서 아무도 모르는 곳으로 교회를 옮기려고 수없이 돌아다녔으며 어느 때는 차라리 절에 갈까 하는 생각까지도 들었다. 하지만 교인들은 전혀 이런 사정을 알지 못하고 내 아내도 나를 이해하지 못했다. 그런데 사모님은 나를 보고 무엇을 아셨는지 계속 세미나 참석을 권하시는 것이었다.

내딛는 한걸음

그리고 결국은 사모님이 등록비까지 내주시고 아내와 나를 직접 데리고 가 주셨다. 첫 번째 시간에 놀랍게도 사람 마음에 있는 두려움과 인간관계에 대해 강사가 말을 했다. 바로 내가 가장 힘들어하는 부분이었다.

60년 동안 안고 살아온 두려움, 이것을 내 운명처럼 여기고 살았는데 이를 해결할 무엇인가가 있는 것 같았다. 하지만 난생 처음 많은 사람 속에 끼어 있다 보니 정신이 하나도 없었다. 쿵덕거리는 가슴에 눈물만 나올 뿐, 손에 잡힌 것 하나 없이 세미나는 끝나버렸다.

그런데 아내는 그대로 있는 사람이 아니었다. 어떻게 연결했는지 주 목사님을 만날 시간을 마련해주었고, 목사님은 내 지난 사연을 물어보시더니 내 불안증은 아버지와 연결이 있어 보인다며 아카데미 과정을 통해 도움 받을 수 있을 것이라고 하셨다.

그때부터 아내와 나는 청주를 오가며 상담 아카데미 교육에 참여하게 되었다. 농사밖에 모르고 살던 내가 다른 도시에, 더구나 사람들 틈으로, 교육받으러 다닌다는 소식을 듣고 우리 사위와 딸은 놀랍고 기뻐서 차를 새로 사주며 지원해주었다. 아카데미 강의는 내가 60년 동안 알고 싶고 궁금했던 것들을 마치 내 사연을 듣고 준비한 것처럼 하나씩 하나씩 풀어주었다.

일본 탄광 막장의 어린 청년

아카데미 강의를 들으며 나의 극심한 대인기피증은 우리 부모님의 영향을 많이 받았다는 것을 알았다. 우리 집은 할아버지 때부터 남의 땅을 가지고 벌어먹는 가난한 소작농이었다. 이 가난에서 벗어나기 위해 아버지는 20살 되던 해에 일본 탄광에 가셔서 5년간이나 죽을 고생을 하며 일을 했다. 그렇게 생명을 걸고 받은 돈을 한 푼도 안 쓰고 할아버지에게 부치며 모아서 땅을 사라고 간곡히 부탁했다. 아마도 그 희망 하나로 그 시대 열악한 탄광 막장으로 어린 청년은 내려갔을 것이다.

그런데 할아버지는 아들이 보내준 돈을 모두 투전판에 날렸다. 그리고 아들이 막상 귀국한다는 소식에 걱정이 된 할아버지가 생각한 계획은 더욱 황당했다. 한번 크게 한판을 따서 지금까지 잃은 것을 다 찾아야겠다는 생각으로 이곳저곳에서 빚까지 끌어모아 도박을 한 것이다.

이런 사정을 알 리 없는 아버지는 자신의 생명을 바쳐 벌어들인 돈이 고향에 전답이 되어 있으려니 생각하고 왔다. 그러나 상황은 너무나 어처구니없었다. 전답은 고사하고 엄청난 빚만 아버지를 기다리고 있었던 것이다. 그때부터 아버지는 알코올 중독자가 되어 매일 술만 먹고 취하면 할아버지를 폭행하며 분노를 폭발하곤 했다.

그러던 중 이웃 마을에 간 아버지에게 중매가 들어왔다. 중매쟁이는 때마침 우물에 서 있던 아가씨를 가리키며 저 처자가 어떠냐고 물었고 아버지는 그녀가 마음에 들어 좋다고 했다. 그런데 그 동네에 다른 사람이 아버지의 유달리 훤칠한 외모를 보고 중매쟁이에게 자기 딸을 그 처자 대신 연결해달라고 부탁을 해왔다. 지금이야 도저히 말이 안 되는 일이었지만 그 중매쟁이는 그 부탁을 듣고 신부를 부탁받은 사람으로 바꿔버렸다. 이런 사실을 알 리 없는 아버지는 결혼식장으로 들어갔는데 처음 봤던 그 처자가 아니었다.

바뀐 신부

처음 본 신붓감은 키도 크고 얼굴이 환해 아버지 마음에 들었는데 막상 결혼식 때 들어온 신부는 키가 작고 얼굴도 시커매서 보자마자 싫어졌다. 그때 어머니는 16세의 어린 나이였는데 일본군의 위안부로 끌려가지 않으려고 어른들이 떠미는 대로 결혼식장에 나온 것이었다.

아버지의 두 번째 불행은 여기서부터 시작되었다. 어머니가 마음에 안 든 아버지는 나를 임신한 상태였던 어린 어머니를 매일 쫓아내고 눈앞에 얼씬도 못 하게 했다. 더구나 같은 동네에 아버지를 좋아하는 다른 처자가 생겼고, 그 처자가 어머니만 쫓아내면 같이 살겠다고 한 터라 아버지의 구박은 더욱 심했다. 어머니는 아버지의 구박이 무서워 낮이면 산이나 들에, 사람들

안 보이는 곳에 숨어 있다가 밤이면 집에 들어와 부엌에서 새우잠을 자고 또 아침에는 밥을 지어 올리고 도망가곤 했다. 이런 기가 막힌 신혼(?)을 지낸 후에 결국 내가 태어나자 아버지는 더 이상 어머니를 쫓아내려 들지는 않았다. 그냥 체념하신 것이었다. 하지만 어머니에 대한 구박과 알코올 중독은 더욱 심해졌다. 이웃 동네에서는 아버지를 보고 인물 좋고 사람 좋다고 칭찬이 자자했지만, 우리 동네 실개천의 다리만 건너면 딴사람처럼 변해서 물건을 부수고 어머니를 때렸다. 워낙 집안 물건을 집어 던지다 보니 결국 우리 집에 있는 모든 그릇들은 던져도 안 깨지는 스테인리스였던 기억이 난다.

나는 저녁이면 동네에서 소리 지르는 아버지의 고함을 들으며 아버지가 어느 정도 술에 취했는지를 알 수 있었다. 아버지가 주막에서 늦으면 어머니는 내게 모든 구박을 퍼부으며 아버지를 데려오라고 소리 질렀다. 그리고 집에 온 아버지는 또 어머니와 싸워야 그날 하루가 끝이 났다. 나는 저녁마다 부모님이 싸우는 소리가 그칠 때까지 친구 집 담벼락 아래에서 숨죽여 기다리곤 했다.

그 친구 집 담 아래에 앉아 있을 때마다 그 집에서는 노랫소리가 들렸다. 친구 아버지는 장로님이라고 했다. 매일 싸우는 전쟁터 같은 우리 집과 친구 집은 정말 천국과 지옥처럼 달랐다. 나는 담 밖으로 나오는 노랫소리를 들으며 친구가 너무 부럽고 나 자신이 슬퍼 참 많이 울었다. 나는 아버지나 어머니에게 따뜻한 말 한마디를 들어 본 기억이 없다. 부모님을 생각하면 떠오르는 것은 욕설과 고함 소리 뿐이다. 그런데 친구 집은 항상 노랫소리 흐르는 천국이었다.

나는 친구 집 담벼락 밑에서 울면서 반드시 장로가 되겠다고 결심을 했던 것 같다. 그래서 대인기피증이 있으면서도 교회를 다녔고 일찍 장로가 되지 않았나 하는 생각이 든다.

대인기피증이 생기게 된 원인을 알게 되다.

상담 아카데미를 다니면서 내가 부모에게 어떤 영향을 받았는지, 지금의 이런 성격이 왜 형성되었는지 알게 되었고 부모님을 이해하고 진심으로 용서할 수 있었다. 어릴 때부터 있었던 나의 극심한 대인기피증과 불안증은 내 아버지와 어머니를 통해 만들어졌다. 주님은 그분들에 대해 깊이 이해하는 마음을 주셨다. 부모님 두 분 모두 피해자였다. 아버지는 그 피땀 어린 돈을 탕진한 할아버지에게 배신당하고 결혼까지 배신을 당해서 그야말로 인생이 실패했다는 자포자기에서 화병을 앓으시며 술에 묻혀 살 수밖에 없었다.

내가 어릴 때 어머니는 시부모님과 세 분 시누이들을 모시고 애정 없는 남편과 함께 살았다. 16세에 시집와 이런 상황 속에 살면서 모든 스트레스를 풀 유일한 대상은 장남인 나였다. 그래서 내게 어머니란 단어는 욕설과 고함과 동일어가 된 것이다. 하지만 나는 부모님들의 이런 모습을 이해하고 그분들이 내게 했던 행동들을 용서했다. 이런 과정을 거치면서 나는 점점 변하기 시작했다. 아버지가 정말 불쌍했고 어머니가 너무도 보고 싶어졌다.

그리고 나만 부모님에 대한 아픔이 있는 것은 아닌 듯해서 누이동생에게 어린 시절의 기억을 물어보았다. 그런데 누이의 마음에는 더 깊은 한이 있었다.

누이가 말하기를 어느 날 자다가 깨어보니 술 취한 아버지가 자식들은 다 죽여야 한다고 소리를 지르며 자기를 죽이려고 목에 칼을 겨누고 있었다는 것이다. 지금도 목에 그 칼자국이 있다며 동생은 울었다. 생전 처음 듣는 말이었고 처음 알게 된 동생 안에 감춰진 슬픔이었다. 나는 동생에게 아버지를 용서하라고 하면서 내 마음의 변화를 들려주었다.

성격이 변했다.

아카데미 강의를 들으러 청주로 오가는 시간이 길어지면서 복음의 실제적 능력을 더 깊이 이해하게 되고 내게 구체적으로 적용할 수 있게 되었다. 그런데 어느 때부터인가 내가 낯선 사람들 속에 섞여 서로 얼굴을 보고 농담도 주고받고 있는 것이 아닌가! 더구나 수백 명의 사람 앞에서 스스럼없이 나 자신의 지난 삶을 이야기하는 데도 전혀 떨리지도 않고 담담하기만 했다. 정말 상상할 수 없는 변화였다.

아내 없으면 전화도 못 받고 물건도 못 사며, 두 시간 넘게 기도를 해야 다른 사람과 인사 한 번 할 수 있었던 내가, 이렇게 사회생활을 하게 되었다는 사실이 놀랍기만 하다. 불안증에 시달릴 때 이 불안증에서 벗어날 수만 있다면 전 재산을 다 팔아도 좋다고 했는데 예수님께서 아무 값없이 이 병에서 나를 고쳐 주셨다.

몸도 변했다.

나에게 일어난 변화는 마음에만 그친 것이 아니다. 나는 어릴 때부터 평생 설사를 했고, 얼굴에 기미가 끼더니 색이 시커메지면서 나무껍질처럼 되어 목까지 내려왔었다. 그런데 아카데미 다니던 2년째부터 설사가 잡히고 얼굴의 기미가 점점 옅어지면서 모두 없어졌다. 무슨 약을 먹어도 듣지 않아서 나는 죽을 때까지 설사하겠구나 생각했는데 내 몸이 바뀐 것이다.

처음 세미나에 간 지 올해로 벌써 6년이 된다. 아무리 농사일에 힘들고 바빠도 일주에 한 번씩 아내와 함께 청주를 오가며 내 생애 가장 행복한 시간을 보내고 있다. 그리고 시골 동네 교실에서 열리는 요가를 신청해서 강습도 받는다. 나에게는 모두 기적 같은 일들이다.

예수님은 영혼만 구원해주시는 분이 아니라 내 몸과 마음의 병을 모두 치유하시는 분이셨다.

정신건강 해설 3

대인공포증과 내적치유

1. 대인공포란?

대인공포증은 인간관계를 어려워하는 정도가 아니라 사람들과 상호관계를 해야 하는 상황에서 겪는 불편함과 불안이 매우 심해서 공포로까지 발전되는 극심한 불안장애다.

대인공포 혹은 사회공포증을 앓게 되는 이유는 기질적이고 생물학적인 원인도 있으나 김 장로의 경우처럼 성장 과정의 영향이 기질과 함께 복합적으로 작용하여 만들어지는 경우가 많다.

2. 대인공포를 느끼는 사람들이 지니는 비합리적 신념

대인공포를 느끼는 사람 대부분은 자신의 정체성에 대해 다음과 같은 비합리적인 신념을 지니고 있다.

첫째는, 자신이 무가치하고 무능해서 사람들과 함께 어울리기엔 부적절한 사람이라고 생각하며 사람들에게 인정받고 사랑받기에 너무 보잘것없다고 생각한다.

둘째는, 자신의 존재가 사람들을 불편하고 불쾌하게 만들기에 모든 사람이 자신을 싫어할 것으로 생각한다.

셋째는, 사람들은 내가 조금만 실수를 해도 나를 비판하고 거절할 것이기 때문에 상처를 받지 않기 위해서는 최대한 사람들과의 접촉을 피해야 한다고 생각하는 것이다.

3. 원인

비합리적 신념은 대부분 부모와의 관계 속에서 형성된다. 김 장로의 경우도 어린 시절에 어머니에게서 돌봄을 받지 못한 환경이었다.

남편의 사랑이라고는 전혀 받아 보지 못한 나이 어린 어머니가 임신 내내 극도의 두려움 속에서 지냈고, 출산 후에도 남편에게 받은 서러움과 구박을 첫아들인 김 장로에게 폭언과 욕설로 모두 쏟아 냈다. 어머니와 마찬가지로 아버지가 보여준 모습은 폭행과 욕설뿐이었다. 이런 환경적 요인들이 김 장로에게 인간관계에 대한 극도의 불안증을 만들어 내는 요인으로 작용한 것이다.

대인공포를 느낀 사람들은 사람과 만날 때의 긴장과 스트레스 상황에 대처하는 심리적 자원이 매우 빈약하므로 불안과 공포의 상황을 만들지 않기 위해 사람을 무조건 피하게 되는데 이것은 문제를 더욱 악화시키게 된다.

4. 치료와 한계

대인공포증은 심리학적으로는 인지행동 치료가 집단으로 행해질 때 가장 효과적이라고 알려져 있다. 그 치료법은 다음과 같다.

첫째는, 역설의 방법으로 남에게 숨기려 했던 자신의 불안한 감정이나 증상을 사람들에게 내보이는 방법이다.

둘째는, 자신이 긴장을 심하게 느끼는 상황에 멈춰 서서 스스로 어떤 말을 되풀이하는지를 찾아내고, 이런 비합리적 사고의 근거를 찾아봄으로써 스스로 인지적 오류와 비합리적 신념을 발견하는 것이다.

셋째는, 대인공포증이 예상되는 상황을 미리 경험해보고 이

에 대비해서 연습해보는 것이다.[4]

하지만 김 장로의 경우처럼 평생 극심한 대인공포를 가지고 있을 때 이런 인지치료는 한계가 있다. 자기 생각과 감정이 비합리적이라는 것을 알지만 바꿀 힘이 약하기 때문이다. 불안과 공포를 만들어 내는 모든 경험들이 잠재의식 안에 새겨져 있기에 합리적으로 생각을 바꿔봐도 불안은 다스려지지 않았다.

김 장로는 시골에서 땅만 보고 살았지만, 방이 책장으로 가득 둘러싸일 정도로 책을 읽으며 자신을 바꿔 보려고 각고의 노력을 했다. 자신이 사람들을 대하고 있으면 얼굴이 이상하게 일그러지고 눈이 이상하게 된다는 생각은 비합리적이라는 것을 알고 있었기에 자기 생각을 바꾸려고 수없이 노력했다. 하지만 실제로 사람을 만나 대화하다보면 불안이 밀려들고 자신의 얼굴이 괴물처럼 변해간다는 느낌을 멈출 수 없었다.

사람을 만나러 가기 전 수없이 그 상황을 상상하면서 할 말을 연습하고 또 연습했지만, 막상 사람을 만나면 머리가 하얗게 되고 연습했던 대화는 생각나지 않아 그 자리를 도망치게 되면서 모든 용기가 사라지는 것이었다.

이처럼 심리적 인지치료는 생각 바꾸기를 통해 어느 정도의 불안과 두려움은 감소시킬 수 있으나 김 장로와 같이 그 불안의 뿌리가 태아에서부터 시작되고 유아기의 삶 전체가 불안을 만들

---

4 최정윤 외, 『이상심리학』, 학지사, 2015, p.172.

어 낼 수 있는 경험들로 채워짐으로 생긴 극심한 불안감의 치료에는 현저한 한계가 있다.

5. 김 장로는 어떻게 평생을 벗어나지 못한 대인 공포를 치료할 수 있었나?

그는 자신의 공포와 불안이 어디에서 시작되었는지 알게 되었다. 어머니가 자신을 임신한 상태에서 남편의 눈에 띄지 않으려고 낮이면 산속이나 바위틈에 숨어 있다가 어두워지면 몰래 부엌에 들어와 자곤 했던 열여섯 어린 산모의 불안이 태아에게 그대로 흘러들어 왔다는 사실이 김 장로의 마음 깊은 곳부터 깨달아진 것이다. 이것은 지식적으로 그럴 수 있겠다고 추측하는 것과는 다르다. 분명하고 확실하게 자신의 내면에서 이런 인과관계들이 뚜렷하게 인식된 것이다.

그는 자신을 붙들고 있던 불안과 공포의 뿌리가 수 천리 바다처럼 깊어서 자신의 몸과 영혼을 얽매고 있었음을 알았다. 그는 많은 심리서적도 접하면서 대인공포의 원인과 이유에 대해 나름대로 분석하고 생각해보았지만 그것은 언제까지나 생각에서 생각으로 그칠 뿐이었다. 하지만 이런 이해는 김 장로가 추측하며 억지로 꿰맞춘 것이 아니라 빛이 비치듯이 알게 된 것이었다.

이런 전체적인 깨달음이나 자신에 대한 새로운 시각은 성령께서 우리 안에 비추실 때만 가능한 조명이다. 성령이 비추실 때 부정적 감정들이 생긴 그 뿌리들이 선명히 드러나게 되고 그러면서 새로운 시각과 함께 그 사건에 연결된 감정들에서 자유롭게 되는 현상들이 나타난다. 성령께서 알게 하시는 깨달음에는 감정을 치유해서 새롭게 만드는 창조의 능력이 있다.

이런 과정들을 통해서 김 장로는 자신이 60년 동안 묶여 있던 사람들에 대한 불안과 공포에서 벗어나기 시작했고 변해가기 시작했다. 자신에 대한 새로운 정체성을 기대하게 되었고 새롭게 자신을 건축해 갈 수 있었다. 성경 말씀대로 자신이 새로워져가는 것을 실감하게 된 것이다. 그리고 어느 날 보니 자신이 사람들 앞에서 편하게 말하고 있고, 수백 명의 사람 앞에서 자신의 이야기를 해도 떨리지 않는 자신을 발견하게 되었다. 사람들은 말 잘하는 김 장로를 보며 그가 평생 동안 시골 가게에서 물건 하나 살 수 없는 대인기피증 환자였다는 사실이 믿어지지 않는다고 했다.

6. 풀려나고 있다.

불안과 공포는 속사람이 무엇인가에 묶여 있다는 증거다. 구약의 선지자들은 예수 그리스도께서 오셔서 묶여 있는 속사람의 결박을 풀어 주실 것이라고 수없이 예언했다. 그 예언대로 예수님은 오셔서 죄의 결박과 귀신의 결박과 온갖 속임수의 결박에 묶인 사람들을 풀어주셨다. 그리고 지금도 예수 그리스도께서 보내신 성령 하나님이 결박에 묶인 우리의 속사람을 풀어주시는 역사가 세계 곳곳에서 일어나고 있다.

지금 이 책을 읽는 당신에게도 이 기적과 같은 아름다운 성령의 만지심이 일어날 수 있다. 기도해보라

"살아계신 예수님, 제 안의 어둠이 저를 주장하지 않도록 도와주십시오. 저를 묶고 있는 생각의 속박에서 제가 풀려나도록 저를 인도해주십시오."

당신이 전심으로 해결받기를 원해서 기도한다면 이 기도는 살아서 당신의 환경을 만들어낼 것이다. 또한 당신은 당신이 해결받아야 할 문제들을 해결받을 수 있는 자리에 어느 순간 있게 되거나 하나님이 쓰시는 수많은 방법을 통해 주님은 당신의 기도를 이루실 것이다.

생각해 보고 함께 나눠 봅시다.

1. 김 장로의 아버지와 어머니 관계가 아들의 자아상에 미친 영향은 무엇입니까?
2. 김 장로가 대인공포에서 벗어나게 된 과정을 정리해 보세요.

3부

우울증과 내적치유

사례 4편. 우울증으로 무너진 모녀와 하나님
사례 5편. 우울증에 갇힌 목회자와 하나님

| 사례 4편 |

우울증으로 무너진
모녀와 하나님
내 딸은 최고의 피아니스트였어요.

딸을 살려 주세요.

"아니, 이럴 수가!"

딸의 모습은 충격 그 자체였다.

그렇게 총명하던 아이가 나를 제대로 알아보지도 못하고 사람 얼굴을 똑바로 바라보지도 못하는 것 아닌가! 난 맥이 풀려 그 자리에 주저앉고 말았다. 기도원 사람들은 애가 귀신 들렸다고 했다. 나는 그 길로 아무 말 않고 애를 데리고 나왔다.

"도대체 이게 뭐란 말인가! 어쩌다 우리 딸이 이렇게 되었나!"

그때의 그 절망감은 어떤 말로도 설명할 수가 없다.

우리 딸은 어려서부터 피아노를 열심히 배웠고 실력도 출중해서 각종 경연대회의 상을 휩쓸었다. 보는 이마다 애를 칭찬했고 아이도 피아노에서는 항상 자기가 최고라는 자신감이 넘쳤다. 그런데 대학 입시 때 전혀 예상치 않은 일이 일어났다. 긴장이 컸는지 실기에서 실수하게 되었고 그로 인해 시험에 실패한 것이다.

항상 최고만 하다가 원하는 대학에 실패하고 보니 아이의 충격은 상상 이상이었고 그것은 나 역시 마찬가지였다. 아이는 더욱 심기일전해서 그 다음 해에 도전을 했지만 연습할 때는 그렇게 잘하는 아이가 또다시 실기에서 실수를 하고 말았다. 결국, 아이는 어쩔 수 없이 지방대학에 가게 되었고 그때부터 친구들과도 별로 가까이 지내지 않고 서서히 무너지기 시작했다.

점점 말수가 줄어들더니 급기야는 가슴이 답답하다며 수시로 죽고 싶다고 했다. 하지만 그때는 나 역시 최고라고 믿었던 우리 딸이 서울 최고 대학에 들어가지 못했다는 것만 안타깝고 기가 막혀서 정작 아이의 고통이 얼마나 극심한지에 대해 이해하려 들지 않고 내 마음 추스르기에 바빴다.

이러는 가운데 딸아이의 증세는 점점 더 심해져 갔다. 아이가 심각하다는 것을 알게 된 것은 어느 날 교회에서 반주하는데 갑자기 딸의 손에 마비가 왔을 때였다. 손이 안 움직여진다는 말을 듣고 우리는 엄청난 충격에 빠지게 되었고 딸은 그때부터 극심한 좌절감과 절망 그리고 우울증에 사로잡혀 아무것도 할 수 없게 되었다.

그제야 딸의 상태가 심각하다는 생각이 들어 병원 치료도 받아 보고 그래도 별 차도가 없자 급기야는 기도원에 가서 영성 집회에 참석하며 매일 목사님 안수기도를 받았다. 그러다 보니 아이가 좀 좋아지는 것 같기도 하고 기도원에서도 조금 더 치료가 필요하다 해서 나는 직장 때문에 내려오고 딸 혼자서 기도원에서 지냈다. 그런데 며칠 후 애를 보러 갔더니 아이가 완전히 딴 사람이 되어버린 것이었다.

아이는 완전히 귀신에 사로잡힌 사람처럼 눈에 초점이 흐려져 있었고 이상한 행동을 하며 심지어는 자기 이름도 잘 알지 못했다. 애가 이 지경이 되자 서둘러 집에 데리고 왔는데 아이는 집에 와서도 전혀 하지 않았던 이상한 행동들을 하며 환청이 들린다고 호소하고, 밤이 되어도 잠을 자지 못하고 악몽에 시달렸다.

이해할 수 없는 일은 그것뿐만이 아니었다. 음식도 정상적으로 먹지를 않았다. 아무리 먹이려 해도 수일간 아무것도 입에 대지를 않다가 어느 순간부터는 갑자기 엄청나게 먹어대곤 하는 것이었다. 이렇게 딴사람처럼 변해 버린 딸의 모습을 보며 우리 가족 모두는 충격과 함께 두려움과 우울증이라는 그 어두운 터널에 함께 들어가게 되었고, 집은 완전히 전쟁터처럼 되어버렸다.

밥도 제대로 먹지 못하는 우리 아이,

귀신 들린 건가?

    기도원 원장 말대로 우리 애가 귀신에 사로잡힌 것인가? 나 없이 딸만 기도원에 있던 사이에 도대체 무슨 일이 있었던 걸까? 변해버린 아이를 보며 분노와 두려움과 혼란 속에 어찌해야 할지 알 수가 없었지만 그래도 교인들에게는 쉬쉬하며 비밀로 했다. 신앙 좋고 피아노 잘 치는 우리 딸이 이렇게 되어버린 것이 너무 자존심이 상하고 화가 나서 그저 숨기기에 급급했던 것이다.

    하지만 시간이 지나면서 딸의 모습과 이상한 행동이 자꾸 노출되다 보니 교인들은 수군대기 시작했고, 의아한 시선이 돌고 돌아 우리 귀로 전해진 말들은 우리 가족에게 이중 삼중의 상처와 고통을 주었다. 집에서는 딸로 인해 시달리고 밖에서는 주위 사람들의 시선과 판단에 갇혀 가족 모두가 근심과 걱정 속에서 전전긍긍하는 와중에 아이는 점점 더 심해져 갈 뿐이었다.

우연히 건네받은 책 한 권

    이런 우리 가정의 문제를 보면서 친척이 내게 책을 한 권 소개해주었다. 나는 그 책이 우리 가정을 살리는 치유의 시작이 될 줄은 몰랐다. 그 책은 '내 마음 속에 울고 있는 내가 있어요' 라는 책이었다. 그 책을 보는 순간부터 웬일인지 눈물이 나기 시작했고 책을 읽은 가운데 내 마음에 큰 울림이 있었다.

나는 한 가닥 희망을 안고 당장 딸을 데리고 세미나에 참여했다. 그리고 그곳에서 기도 중에 전혀 상상할 수도 없는 나의 모습을 보게 되었다. 기도시간에 한 장면이 뚜렷이 떠올랐는데 그것은 내가 딸에게 야단치고 있는 모습이었다. 내가 무서운 얼굴로 죽일 듯이 노려보며 야단을 치자 아이가 웅크리며 무섭다고 덜덜 떠는 것이었다. 하지만 나는 멈추지 않고 계속 딸에게 연습하라고 손가락질 하며 닦달을 하고 있지 않은가!

딸에 대한 큰 기대, 딸을 통해 대리 만족하고 자랑하고자 하는 마음, 욕심을 성취하기 위해 딸을 압박하고 딸에게 수없이 말로 상처를 주고 있는 내 모습, 그 앞에서 딸은 숨도 못 쉬고 있는 것이었다. 아이는 계속 나를 쳐다보며 살려달라고 하는 것 같은데 나는 아이의 눈을 전혀 쳐다보지 않고 그저 야단만 치고 있는 그 장면을 보면서도 내가 저렇게 했다는게 믿어지지 않았다.

"내가 저렇게 했구나! 내가……."

그 장면을 보니 우리 아이가 왜 저렇게 되어버렸는지를 분명히 알 수 있었다. 바로 나 때문이었다. 내가 아이를 이 지경으로 만든 것이었다. 잘하라고 다그칠수록 아이는 극심한 강박감에 시달리면서 부모와 주위 사람들이 원하는 기대에 미치지 못한 자신을 원망하며 스스로 자신을 찌르고 있었는데 나는 전혀 몰랐던 것이다.

이 장면을 보기 전까지 나는 오로지 딸에게만 문제가 있다고 생각했는데 주님은 내가 어떤 행동을 해 왔는지를 보여주신 것이다. 나는 내 모습이 너무 놀랍고 딸이 불쌍해서 가슴이 찢어지는 것 같았다.

나는 권사, 나는 교육자였는데

교회에서는 권사이고 세상에서는 교육자인 내가 딸의 고통을 전혀 모르고 있었다는 사실은 정말 충격적이었다. 나는 딸을 위해 희생하며 최선의 뒷받침을 하는 헌신적인 엄마라고 생각했다. 나는 교육을 하는 사람이었기에 완전하지는 못해도 최선을 다하는 엄마이고 그리스도인이라고 생각했다. 그러나 주님이 보여주신 나의 실상은 최선을 다하는 훌륭한 교육자며 신앙좋은 엄마가 아니라 딸에 대해 아무것도 모른 채 내 욕심 때문에 딸을 가해하는 가해자였던 것이다.

그 장면을 보고 난 뒤에 나부터 정말 변해야겠다는 생각이 들었다. 내가 변해야 딸이 좋아질 수 있을 것 같았다. 나를 변화시키기 위해 나는 이곳의 모든 교육과정에 따라보겠다고 단단히 결심하고 세미나 후 이어지는 상담 아카데미를 사이버로 등록했다. 그리고 그 강의들을 내 삶에 비춰보고 적용하려고 노력했다. 이러면서 딸에게 조금씩 변화가 일어나기 시작했다. 신기한 일은 전혀 듣지도 않을 것 같은 아이가 조금씩 강의에 귀를 기울이고 좋아지기 시작하는 것이었다. 나 또한 강의를 들으면서 내가 왜 그런 행동을 했는지 점점 더 뚜렷이 알게 되었다. 아이를 그렇게 다그친 것은 사랑이 아니라 내 안의 열등감이었다.

내 안에 깊은 열등감과 함께 내 딸을 통해 세상에 자랑하고 싶은 엄청난 열망, 엄청난 욕심이 보였다. 피아니스트는 바로 내가 이루고 싶은 내 인생의 꿈이었다. 그 꿈을 나 대신 딸을 통해 이루고 싶었던 것인데 그 욕심이 너무도 컸다. 딸이 아파도 보이지 않을 만큼 욕심으로 눈이 멀었던 것이다. 이런 사실들을 철저히 인정하고 회개하며 하나님 앞에서 내려놓으면서 점점 내 안에 자유가 생겼다. 그러다 보니 교회에서도 딸의 문제를 숨기지 않고 솔직하게 내놓을 수 있게 되었다.

딸이 회복되면서 내게 찾아온 우울증

이러는 가운데 기적과 같이 정말 신기하게도 내가 변한 만큼 딸도 변해갔다. 마비 증상도 풀리고 이상한 행동들도 사라지면서 대학생활에 적응하기 시작했다. 그리고 교회에서 반주하는 것이 예전과 다르게 정말 즐겁고 진심으로 하나님을 찬양하는 마음으로 반주하게 된다면서 환하게 웃었다. 실로 오랜만에 보는 딸의 웃음이었다. 그렇게 딸은 절망의 벼랑 끝에서 다시 건강을 회복했다.

하지만 딸이 회복되자 긴장이 풀려서인지 이번에는 내가 딸과 똑같은 극심한 우울 증상이 몸에 나타나게 되었다. 극심한 가슴 울렁증, 불안, 초조한 감정들이 걷잡을 수 없이 올라오면서 나는 온몸으로 우리 아이가 겪었던 내면의 고통을 이해할 수 있게 되었다. 우울증은 다만 기분이 침체되는 정도일 것이라고 여겼는데 그것이 아니었다. 손가락 하나도 움직일 수 없을 만큼 기력이 소진되면서 몸에 여러 증상들이 생겼다.

그냥 기분이 우울해지는 것과는 다른 극도의 절망과 비애가 덮쳐왔다. 이 세상의 어떤 것으로도 이 절망을 해결할 수 없을 것 같은 기분이 들었다. 이토록 무섭고 깊은 우울감이 있을 수 있다는 사실이 두려웠다. 그리고 이것을 알고 나니 딸이 더욱 불쌍해졌다.

그동안 딸의 고통을 더 깊이 이해하지 못하고 딸의 행동만을 지적하고 털어버리라고, 빨리 바꾸라고 질책했을 때 아이는 얼마나 힘들었을까 생각하며 용서를 빌었다. 우울증은 정말 무서웠다. 어두운 기운에 잡히는 것 같이 내 힘으로 벗어날 수 없는 절망감, 순간순간 허무하고 슬픈 감정이 휘몰아치고 어떤 것도 흥미를 느낄 수 없는 상태에 빠져 들었다. 나라는 사람은 항상 긍정적이고 성격도 활달하고 열심히 사는 사람이었기에 내가 이런 감정에 빠지게 된다는 것은 정말 상상할 수 없는 일이었다. 더구나 아이가 저렇게 회복되어 잘 살고 있는데 내가 왜 이러는지 이해할 수가 없었다.

하지만 내적치유 아카데미에서 배운 대로 적용하려고 애를 썼다. 우울감과 절망이 밀려 올 때마다 그 증상을 당연히 받아들이면 안된다고 배웠다. 감정이 나의 주인이 아니라 내가 감정의 주인이라고 했다. 그래서 우울감이 덮칠 때마다 감정을 무시하며 진리의 말씀에 집중하려고 노력했고 내 생각을 살펴서 쓰레기들을 계속 버리는 훈련을 했다. 매일매일 강의를 삶에 적용하는 것으로 목표로 삼고 실천하기 위해 온 힘을 기울였다.

이것은 정말 피나는 전쟁이었다. 어느 때는 모든 것을 포기해 버리고 싶은 충동이 순간순간 나를 사로잡았다. 하지만 정신줄까지 놓았던 딸이 저토록 건강하게 회복되어 학교생활도 잘하고 신앙생활을 즐겁게 하는 것을 보면서 이 길이 맞다는 확신을 했기에 그 확신을 계속 잡았다. 반드시 끝이 있을 거라고 믿었다. 다른 사례들을 보면서 진리의 말씀대로 걸어가면 된다고 용기를 얻었다. 모든 것을 포기하고 싶은 마음이 수시로 들었고 아무 소용없다는 생각이 불쑥 불쑥 올라왔지만 그럴 때마다 강의에서 배운 대로 생각을 정리하고 주님에게 집중해가는 전쟁을 계속했다. 그런데 정말 어느 시점부터 더 쉽게 우울증의 기운을 떨쳐버릴 수 있었고 감정도 안정된 상태로 회복되어 갔다.

**그리고 결국 우리 가족은
이 죽음의 터널을 빠져나왔다.**

벌써 10년의 세월이 지났다. 10년 전 딸로 인해 시작된 우리 집안의 폭풍우, 그로 인해 건네받은 한 권의 책을 통해 맺어진 내적치유사역연구원과의 인연이 벌써 십 년이 된 것이다. 그 긴 시간 동안 폭풍처럼 몰아닥친 그 무서운 일들을 헤치고 우리가 이렇게 승리했다는 것이 놀랍기만 하다.

우울증으로 인해 사단에게 마음이 잡혀 자살로 생을 마감하는 사람들이 늘어나는 것을 볼 때 나는 내 일처럼 가슴이 아프다. 그 늪이 얼마나 강하게 마음을 끌어 내리는지를 경험해보았기에 그들을 이해할 수 있다. 딸은 그동안 세미나에 3번 참석하고 사이버강의를 들으며 많은 변화가 일어났다. 손의 마비 증상도 다시는 일어나지 않았고 생각하는 것이 변하면서 친구들도 사귀고 웃음도 찾았다. 거식, 폭식, 기타 수많은 이상한 증상들이 모두 사라졌고 약도 끊었다. 지금 딸은 피아노 개인지도도 하고 초등학교 특기 적성 피아노 교사로 일하며, 대학원도 다니고 전자 오르간도 공부하며, 주님께 모든 것을 맡기며 건강하고 행복하게 살고 있다.

나는 10년 세월 동안에 세미나 4번 참석, 사이버 아카데미 3년 강의를 온 마음 다해 듣고 적용하려 노력했다. 내가 이렇게 계속할 수 있었던 것은 내적치유사역원의 모든 강의와 사역을 신뢰했기 때문이다. 처음 내적치유사역원과 인연을 갖고 공부를 시작했을 때 딸의 증상이 호전됐다가도 어느 순간은 다시 퇴행하여 안 좋아지는 것 같은 모습을 보였지만, 그때도 흔들리지 않고 내적치유사역원의 강의대로 적용해보며 기다리고 성령님을 신뢰했다. 내가 만일 마음이 흔들려서 딸을 데리고 이곳저곳을 찾아 무언가 새로운 기적을 찾아다녔다면 나도 우리 딸도 절대로 좋아질 수는 없었을 것이다.

누군가 삶을 정상적으로 살아갈 수 없을 만큼 깊은 우울증에 빠진 사람이 있다면 나는 분명히 말해주고 싶다. 우울증을 완전히 치료하려면 몸 상태가 아주 힘들 때는 약물치료를 병행하면서 근본적으로는 예수님을 바로 만나고 예수님 안에서 자신을 알아가는 교육과정이 필요하다고. 또한 온 가족이 함께 변화되고 치유되어 아파하는 그 가족원을 진심으로 이해하고 관심을 가져 줄 때 그 사람은 반드시 건강해질 수 있다고.

그 외에 다른 어떤 방법도 심각한 우울증을 치료할 수 없다고 나는 생각한다. 내가 겪어보고 우리 딸이 겪어보니 심각한 우울증은 절대로 그냥 지나가는 감기와 같은 것이 아니라 온 식구를 완전히 침몰시킬 수도 있는 무서운 병이었다. 나는 앞으로 교육 현장에서 그리고 어디서든지 우리 딸처럼 극심한 우울증으로 힘들어 하는 사람들을 도우며 살 것이다.

정신건강 해설 4

우울증과 내적치유

1. 우울증이란

우울증은 감기와 같을 수도 있지만 사례자의 경우처럼 감정, 생각, 신체 상태, 그리고 행동 등에 변화를 일으키는 심각한 질환이다. 또한 우울증을 감정적 질병이라 생각하기 쉽지만 우울증은 많은 경우 신체 증상을 동반한다. 우울감을 직접적으로 못 느끼지만 급격한 체중 감소나 방 밖으로 나올 수조차 없는 극심한 무기력, 혹은 심각한 불면이나 소화 장애, 빈번한 몸의 통증 등의 신체 증상이 나타나서 병원을 찾았다가 우울증이란 진단을 받는 경우가 많다. 이런 경우 내과적 검사를 반복적으로 시행하지만 명확한 원인은 나오지 않는 경우가 많고 우울증 진단과 치료가 늦어져 고생하는 경우가 많다.

그러므로 원인이 명확하지 않은 신체 증상이 지속될 때는 우울증을 의심해야 한다. 가벼운 우울감은 모든 사람들이 삶 속에서 느끼는 기분의 변화지만 병적 우울감은 정상적인 우울감과 다른 특징을 가지고 있다.

박영남은 병적 우울감에 대해

1) 지나치게 각성되어 고통스러우며
2) 불쾌한 상황에 지나치게 민감하며
3) 유쾌한 상황에 지나치게 둔감하며
4) 이전에 즐겁던 일이나 활동에서 즐거움을 경험하지 못하며
5) 무감각하고 무감동하며
6) 장래에 대하여 비관적이라는 특징을 들고 있다.[5]

2. 어떤 증상이 있나?

우울증의 핵심 증상은 삶에 관한 흥미 및 관심 상실이며 그중 가장 심각한 증상은 자살 사고다. 우울증 환자의 2/3 정도가 자살을 생각한다. 대부분의 우울증 환자는 삶에 대한 관심 상실로 인해 일상적인 과업을 끝까지 마치는 데에 어려움을 호소하고 학업 및 직장에서 정상적인 업무에 장애를 느끼고 새로운 과업을 실행할 동기를 갖지 못한다.

---

5 박영남, 『목회자를 위한 정신의학』, 하나의학사, 2008, p.203.

또한, 우울증 환자의 4/5 정도가 수면 장애를 호소하는데 특히 아침까지 충분히 잠을 못 이루고 일찍 깨거나 밤사이 자주 깨는 증상을 보인다. 많은 환자가 식욕감소와 체중저하를 보이는데 일부 환자는 식욕이 증가하고 수면이 길어지는 비전형적 양상을 보이기도 한다. 불안 증상도 90% 정도에서 보이는 흔한 증상이며 성욕 저하 등의 성적 문제를 보이기도 한다. 집중력 저하와 같은 인지 기능 저하도 상당수에서 나타나게 된다.

3. 왜 생길까?

우울증의 발병 원인은 여러 가지가 있다. 신체적 원인, 즉 뇌 신경 전달물질의 변화나 호르몬 불균형으로 인해서 발생할 수도 있고 가족 간에 유전되는 성격적 특성이나 가족의 분위기도 요인이 된다. 연구 결과 우울증이 앓는 가족 내에서 우울증이 더 잘 발생하는 것으로 보고하고 있다. 위의 사례처럼 처음에 딸이 앓았던 극심한 우울증이 딸이 치료되고 난 이후에 오히려 곁에서 그를 도와주었던 어머니에게 나타난 것을 보게 된다. 한 사람의 심각한 우울 상태는 가족 전체에 영향을 주게 된다.

또한 우울증을 유발하는 요인이 환경 뿐 아니라 삶에서 대처하기 어려운 상황들, 즉 사랑하는 사람을 잃는 것, 경제적 문제,

질병에 걸렸다거나 퇴직 등의 상황으로 인해 강한 스트레스를 받을 때 우울 질병에 빠질 수 있다. 우울증은 하나의 단일 원인에 의한 현상으로 보기보다는 유전적 생물학적 그리고 정신 사회학적 요인들의 상호작용으로 나타나는 증후군으로 이해하는 것이 일반적이다.[6]

4. 성경에 기록된 우울증의 원인과 증상들

1) 성경은 실질적인 범죄로 인한 죄책감이 우울증의 원인이 된다고 말한다.

다윗은 실질적인 범죄 이후에 깊은 고통과 우울감에 빠진 자신의 상태를 기록하고 있다.

> 내가 입을 열지 아니할 때에 종일 신음하므로 내 뼈가 쇠하였도다 주의 손이 주야로 나를 누르시오니 내 진액이 빠져서 여름 가뭄에 마름같이 되었나이다 내가 이르기를 내 허물을 여호와께 자복하리라 하고 주께 내 죄를 아뢰고 내 죄악을 숨기지 아니하였더니 곧 주께서 내 죄악을 사하셨나이다 (시 32:3-5).

---

6 박영남, 상게서

주의 진노로 말미암아 내 살에 성한 곳이 없사오며 나의 죄로 말미암아 내 뼈에 평안함이 없나이다. 내 죄악이 내 머리에 넘쳐서 무거운 짐 같으니 내가 감당할 수 없나이다. 내 상처가 썩어 악취가 나오니 내가 우매한 까닭이로소이다. 내가 아프고 심히 구부러졌으며 종일토록 슬픔 중에 다니나이다 (시 38:3-6).

2) 신경증적인 죄책감도 우울증을 일으킨다.

신경증적인 죄책감이란 하나님 앞에서 범죄함으로 느끼는 타당한 죄책감이 아니라 개인이 가지고 있는 틀로 인해 발생하는 거짓된 죄의식, 즉 타당하지 않은 죄책감을 말한다. 개인이 가진 틀은 무의식적으로 습득되어 있는 사회적 관습이나 문화 혹은 부모의 훈육 태도나 역기능적 교회의 율법적 가르침을 통해서 만들어진다.

대부분의 사람들은 자신이 느끼는 죄책감이 하나님 앞에서 가져야 하는 타당한 죄책감인지, 아니면 자기가 만들어낸 거짓 하나님에 의해 느껴지는 거짓된 죄책감인지 구분하기 어렵다.

지속적인 자살 시도를 하는 30대 초반의 여자를 상담했는데 그는 결혼한 지 1년도 되지 않는 상태였다. 극도의 무기력 상태에 빠져 있었는데 그 남편은 아내가 이런 줄 알면서도 그를 불쌍히 여기고 도와주고 싶어서 결혼을 했다고 한다. 신혼임에도 불구하고 삶의 의욕을 찾지 못한 채 매우 극단적인 방법으로 자살을 시도하는 이유를 파악하던 중에 그 여자 안에 있는 깊은 죄책감을 알게 되었다.

그는 어릴 때 친척에게 성폭행을 당했는데 자신이 나빴기 때문에 그 상대방이 그런 행동을 했을 거라고 자책하고 있었다(놀랍게도 많은 성폭행 피해자들이 사건의 책임을 스스로에게 찾아내려 하며 그 결과로 자신을 증오하는 경우가 많다. 특히 가족 안에 발생하는 성폭행의 경우 더욱 이런 양상을 보인다.).

그녀는 자신을 더럽다고 여기며 교회에 가고 싶지만 너무 무섭다고 했다. 교회를 볼 때마다 극도의 두려움을 느끼며 교회에 출석한 사람들은 모두 깨끗한 사람들이고 나는 교회에 갈 자격이 없다는 말을 했다. 그녀의 심각한 우울증과 반복되는 자살시도의 밑바닥에는 거짓된 죄책감이 있었던 것이다.

이 사람이 가진 거짓된 죄책감이 삶을 파괴시키며 극도의 우울증에 빠져들게 한 것이다.

이처럼 타당한 죄책감과 거짓된 죄책감 즉 신경증적인 죄책감의 느낌이 똑같기 때문에 이 둘을 분별하기가 어렵지만 죄책감으로 인한 결과를 볼 때 신경증적인 죄책감이 오히려 더욱 파괴적이다. 실질적인 죄를 지음으로 인해 성령이 지적하셔서 만들어진 죄책감은 다윗처럼 종일 신음하며 뼈가 상하는 것 같은 고통을 느끼고 있을지라도 하나님에게 고백하고 용서를 받는 순간 죄책감이 사라지고 상쾌한 마음으로 회복되고 이런 과정을 통해 더욱 영적으로 성숙해 갈 수 있으나 거짓된 죄책감은 기도하고 고백하는 과정을 되풀이 할수록 더욱 죄책감이 심화되어가기 때문이다. 죄책감은 그 밑에 나는 죄인이며 나쁜 사람이라는 선고가 바탕이 되어 만들어지는 감정이기에 죄책감이 사라지기 위해서 원인이 되는 생각의 변화가 필요하다. 이런 까닭에 진리의 말씀을 통해 자신에 대한 잘못된 선고가 사라지지 않는 한 거짓된 죄책감에서 빠져 나오기 어렵다. 그러므로 성경의 말씀과 성숙한 그리스도인과의 상담이 필요하며 그 죄책감을 일으키는 삶의 전통이나 관습 등으로부터 자유함을 선언하고 성경의 원리에 자신을 맡길 때 해결할 수 있다.[7]

  속사람이 치유되고 성숙된다는 말은 진리를 바로 이해해간다는 것과 같은 뜻이다. 하나님은 진리가 우리를 자유하게 하리라고 말씀하셨다. 진리를 알아갈수록 우리 자신이 속고 있는 거짓들을 보게 됨으로 인해 우리 안에 자유를 갖게 된다. 결국 거짓된 죄책감으로 인해 고통을 당하는 것은 그만큼 예수 그리스도의 진리를 바로 알지 못하기 때문에 속고 있는 것이다.

  3) 귀신의 압박으로 인해 우울증이 만들어질 수 있다.
  성경은 귀신으로 인해 우울증이 유발된 사례를 들고 있다. 이

---

7 랄프 스피스, 이현모 역, 『나의 감정을 어떻게 다룰까』, 요단출판사, 1984, pp.54-55.

스라엘의 초대 왕이었던 사울은 백성의 지지도가 매우 높은 왕이었다. 그러나 그가 하나님의 명령에 불순종하기 시작하면서 하나님과의 교제가 단절되자 악신이 그를 충동질했고, 그 결과 그에게서 우울증적 증상과 소인(素因)들이 나타나기 시작했다.

> 여호와의 영이 사울에게서 떠나고 여호와께서 부리시는 악령이 그를 번뇌하게 한지라 사울의 신하들이 그에게 이르되 보소서 하나님께서 부리시는 악령이 왕을 번뇌하게 하온즉 원하건대 우리 주께서는 당신 앞에서 모시는 신하들에게 명령하여 수금을 잘 타는 사람을 구하게 하소서 하나님께서 부리시는 악령이 왕에게 이를 때에 그가 손으로 타면 왕이 나으시리이다 하는지라 (삼상 16:14-16).

사울의 번뇌와 괴로움은 주변 사람들도 알 수 있을 만큼 심각한 것이었으나 그것은 정신이상이 아니라 심각한 우울감이었다. 그 증거는 그가 계속해서 왕의 집무를 감당할 수 있을 만큼 그의 이성이나 지력에는 문제가 없었기 때문이다. 다만 감정적인 괴로움이 컸기에 신하들은 사울의 우울증을 치료하기 위해 음악치료를 권했다. 그리고 다윗이 타는 수금은 우울감 감소에 효과가 있었다.

하나님께서 부리시는 악령이 사울에게 이를 때에 다윗이 수금을 들고 와서 손으로 탄즉 사울이 상쾌하여 낫고 악령이 그에게서 떠나더라 (삼상 16:23).

　　의사이며 목사인 마틴 로이드 존스Martyn Lloyd Jones도 영적인 원인, 즉 귀신의 압박Oppression에 의해 우울증이 유발될 수 있으며 그렇기에 성령 충만한 선교사들과 목회자들도 우울증에 걸릴 수 있다고 강조한다.[8] 그는 이런 압박을 귀신에 의한 억압Repression이나 혹은 들림Possession과는 다른 의미로 말하고 있다. 귀신들림이 완전히 귀신에게 정신과 신체까지 사로잡혀 있는 상태라면 압박이란 일순간 사단의 공격을 의미하는 것이다. 이런 우울증의 특징은 심리적 원인이나 생체적 원인에 의한 우울증과 달리 적절한 영적 상담을 통해 즉시 우울 증상에서 벗어날 수 있는 특징이 있다.

　　영적 원인으로 인해 우울증이 만들어졌을 경우에 약물요법으로도 치료 효과가 높지 못하다. 그 치료는 오직 예수 그리스도를 영접하고 죄책감에서 벗어나 하나님의 사랑을 체험하고 받아들일 때 이루어질 수 있다.

　　4) 잠재의식에 억압된 고통스러운 기억은 우울증의 원인이 된다.

8　마틴 로이드 존스, 정득실 역, 『의학과 치유』, 생명의말씀사, 2003, pp. 214-235.

마르틴 파도바니Martin H. Padovani는 우울증을 유발시키는 근본적이고 가장 흔한 원인 중 하나는 고통스러운 사건들의 기억을 억압하고 억제한 것이라고 했다.[9]

과거의 기억들을 바르게 처리하지 않고 묻어둘 때 그 기억과 연결된 혼돈스럽고 왜곡된 생각들과 감정들도 마음 한 곁에 묻히게 된다. 이렇게 묻혀 있는 생각과 감정들은 마음의 평화에 부정적 영향을 끼쳐서 혼란스럽고 불안정한 상태에 쉽게 빠지게 만든다. 이때 불쾌하고 바람직하지 못한 감정들과 생각들을 잊으려 노력하나 억압된 기억을 직면해서 해결하기 전까지 이런 감정들과 생각들은 좀처럼 사라지지 않는다.[10]

이광헌은 생물치료 정신의학지에서 '자살생각이나 행동을 지속적으로 보이는 사람들의 특징은 문제해결능력의 결핍을 나타내며 이런 결핍과 특정적 기억들 사이에는 관련성이 있다. 문제를 해결하기 위해서는 기억의 개선을 필요로 한다'고 밝히고 있다.[11]

헨리 나우웬Henri Nouwen은 과거의 부정적 기억에 대해서 '후회는 쓰라린 추억이며 죄책감은 절망적 추억이고 감사는 즐거움으로 가득한 추억이다. 과거의 경험을 어떻게 삶에 융화시키는가에 따라 우리의 감정은 깊은 영향을 받는다'고 한다.

---

9 억압은 무의식적으로 기억을 누르는 것이며, 억제는 의식적으로 기억하지 않으려는 방어기제다.
10 마르틴 파도바니, 백승치 역, 『상처입은 감정의 치유』, 분도출판사, 1999, p.110.
11 이광헌, "자살환자의 치료", 『생물치료정신의학』, 제 10권 제 1호 통권 제 19호, 2004, p.16.

과거의 기억 중에서 가장 큰 영향을 미치는 것은 가장 오래된 기억 즉, 모든 정서 중에서 가장 어렸을 때의 상처들이다. 토마스 키딩Thomas Keating은 이것은 반드시 치유되어야 할 필요가 있기에 성령은 가장 어린 시절의 정서적 삶의 바닥을 파기 시작한다고 강조한다.[12]

5) 하나님에 대한 이미지가 부정적일 때 우울증의 원인이 된다.

반신환은 '하나님에 대해 개인이 갖고 있는 심리적 이미지와 우울증의 관계에 대한 연구' 결과에서 '하나님이 선하다는 이미지와 자신의 관계에 대해 상호 협력적 이미지를 갖고 있는 개인은 우울증을 갖고 있을 가능성이 더 낮으며 반대로 하나님과 관계에서 수동적 이미지, 자기중심적 이미지를 갖고 있는 개인은 우울증을 갖고 있을 가능성이 더 높다'[13]는 연구 결과를 인용하고 있다.

하나님에 대한 이미지를 부정적으로 만드는 요인 중에 가장 보편적인 것은 자기 육신의 아버지에 대한 부정적 이미지와 경험이다. 이런 주관적 경험들이 내면의 눈이 되어 하나님에 대한 이미지를 마음에 그려낸다. 이런 이미지는 예수 그리스도를 통해 전해지는 하나님의 이미지와 다르다. 이처럼 주관적 경험으

---

12 토마스 키딩, 엄무광 역, 『하느님과의 친밀』, 성바오로출판사, 2011, p.110.
13 반신환, "현대사회와 우울증 ; 우울증에 대한 기독교상담 : 우울증과 종교성의 관계에 대한 분석에 근거해서", 『한국기독교상담학회지』, 10권, 2005, pp.35-52.

로 만든 이미지는 하나님에 대해 부정적 이미지를 갖게 만든다. 지식적으로는 하나님에 대해 좋으신 분이라고 고백하지만 그 마음 안에서 하나님에 대해 느끼는 이미지는 다를 수 있다.

많은 사람들이 하나님에 대해 떠오르는 이미지를 표현할 때 나를 향해 불만을 가지고 있는 하나님, 야단치시는 하나님, 혹은 나에 대해 아무 관심이 없는 하나님 등으로 느껴진다고 한다. 이런 이미지가 떠오를 때 우리는 결코 우리의 문제와 짐을 하나님 앞에 온전히 맡기기 어렵다. 그러므로 성령께서는 우리 마음에 그려진 하나님의 이미지가 바뀌도록 돕는다. 이것이 성령께서 행하시는 속사람의 치유다.

6) 육체적 질병이나 호르몬의 변화에 의해 우울증이 유발될 수 있다.

기독교의 거장인 스펄젼Charles Haddon Spurgeon은 주기적 우울 증상을 나타냈는데 그 원인이 통풍으로 인한 통증 때문이었다고 마틴 로이드 존스Martyn Lloyd Jones는 기록하고 있다.[14]

또한 갱년기의 호르몬 변화에 의해 우울증이 일어날 수 있다. 호르몬의 변화가 일어나는 여성의 완경기에 많은 여성들이 다양한 신체 증상과 함께 우울감을 호소한다.

14　마틴 로이드 존스, 전게서, pp.196-202.

7) 분노와 적개심이 우울증을 유발할 수 있다.

마르틴 파도바니Martin H. Padovani는 분노와 우울증의 관계를 다음과 같이 말하고 있다. "우울증은 대부분의 경우 내적으로 전환된 분노다. 삶과 현실의 단절과 관련된 많은 정신적 장애에 수반된 하나의 주요 원인은 인식되지 않은 분노 또는 처리되지 않고 있는 분노다"[15] 또한, 그는 "분노와 함께 감정에 대한 억제가 결국 우울증을 불러일으킨다"고 말한다.

데이빗 씨맨즈David A. Seamands는 우울증은 하나님과 타인들과 자기 자신에 의해 부과된 비현실적이고 불가능한 요구들에 부응하여 살아내야만 하는 어떤 덫 속에 갇혔다는 압박감이 매우 강한 부정적인 감정들을 심어주게 되고 그 부정적 감정들이 우리에게 정서장애와 영적 패배감을 준다고 하며 해결되지 않은 분노, 얼어붙은 적개심이야말로 우울의 근본 원인이 된다고 말하고 있다.[16]

8) 낮은 자존감은 우울증을 유발하는 다양한 문제들을 만들어 낸다.

낮은 자존감, 곧 열등의식을 가진 사람은 자신에 대한 자아상 Self Image을 부정적으로 갖고 있는 것이다. 자신에 대해 부정적

---

15 마르틴 파도바니, 전게서, p.113.
16 데이빗 씨맨즈, 윤종석 역, 『치유하시는 은혜』, 두란노서원, 1990, pp.192-193.

이고 낮은 자존감을 가질수록 그 내면에 평화가 없고 자신과의 갈등이 크다. 낮은 자존감은 자신을 사랑하지 못하고 미워하게 한다. 이런 삶은 인생의 에너지를 빼앗고 결과적으로 삶을 황폐하게 만들며 우울증을 유발하는 원인이 된다. 열등의식과 죄의식은 둘 다 낮은 자존감이 만들어 내는 쌍둥이라고 존 포웰John Powell은 말한다.[17]

데이비드 칼슨David Carlson은 자존감을 정의하기를 세상의 중심이 되기를 기꺼이 포기하고 자신을 하나님의 사랑스럽고 소중하며 능력 있고 용서할 수 있는 그리고 구속할 만한 피조물로 기꺼이 받아들이는 것이라고 했으며 자신을 세계의 중심이라고 여기는 자기중심성Self-Centeredness은 영적인 죄의 결과라고 했다.[18]

건강한 자존감이란 자기중심성을 포기하고 우리 자신을 하나님의 피조물로 받아들이며 자신을 소중히 여기는 만큼 상대도 소중히 여기는 태도다. 어린아이는 모두 극도의 자기중심성 사고를 가지고 있다. 이런 자기중심성은 변화해야 하지만 나이가 들어도 계속해서 자기중심성의 사고방식에 고착되어 있다면 필연적으로 열등의식과 과대평가의 양극단에 흔들리며 우울감에 빠지게 된다.

---

17 존 포웰, 『왜 나를 말하기를 두려워하는가』, 자유문학사, 1990, p.90.
18 데이비드 칼슨, 『자존감』, 두란노, p.24.

로우 셀버리Lou Savarly는 자존감이란 자기 자신과 자신의 권리들에 대하여 현실적인 인식을 하는 것을 의미한다고 하며 이것은 자신의 개성을 존중하고 자신의 삶을 하나님이 주신 선물로 받아들이고 다른 사람들과 건강한 관계를 맺고 다른 사람들과 사랑을 나눌 수 있는 것이라고 표현하고 있다.[19]

아동들에게서도 자존감이 낮을 때 우울감을 갖게 되는 것으로 보고되고 있다. 아동들의 자존감을 저하하는 요인은 매우 다양하나 공통적인 특징은 반복적인 실패감이나 좌절 등을 들 수 있다.

한국 심리 학회지에 실린 자존감과 우울증의 연구[20]와 ADHD 청소년에 대한 국내 연구(신민영, 2005)에서 주의력 결핍 장애의 문제를 가진 아동들은 그들이 나타내는 행동장애를 통해 삶 속에서 꾸지람이나 실패감, 좌절 등을 계속 맛보게 되므로 자신에 대한 낮은 자존감을 갖게 되고, 이런 낮은 자존감은 우울증과 불안 등의 정서적 문제를 증가시킨다고 연구 결과를 보고하였다. 그리고 이것은 어른에게서도 동일하여 ADHD 성인도 주변의 반복적인 부정적 평가와 지속적 실패를 경험하게 되면서 낮은 자존감을 형성하게 되고, 이런 자존감의 저하가 우울감을

---

19 Lou Savarly, 『Building Self-steem in Children』.
20 정혜원, 장문선, 곽호완, "성인 ADHD성향 군집 유형에 따른 대인관계 문제에 대한 자존감과 우울증상의 매개 효과 : 구조방정식 모형 분석", 『한국심리학회지』, 제23권 제1호, 2011, pp.153-169.

증가시킨다고 동 보고서에 발표하고 있다. 필자의 연구조사에서도 자존감은 우울증과 비례관계가 있는 것으로 조사되었다.

5. 성서적 내적치유의 우울증 치료

1) 부정적 자아상을 갖게 만든 원인들을 교정함으로 바른 정체성을 갖도록 돕는다.

우울증과 자존감은 밀접한 상관관계가 있다. 그러므로 자존감에 부정적 영향을 주는 원인들을 찾아내어 교정하도록 돕는다. 자존감을 만드는 것은 자아상과 자기 정체성이다.

자아상이란 자신에 대한 주관적 이미지이며 정체성이란 자신에 대한 인지적 정립을 의미한다. 부정적 자아상과 자신에 대한 왜곡된 정체성 그리고 낮은 자존감은 연쇄 고리처럼 연결되어 있다.

(1) 바른 정체성이란 무엇이며 어떻게 바른 정체성을 가질 수 있나?

정체성이란 자신의 존재에 대한 답변이라고 말할 수 있다. 즉 나는 어디서 왔고 어디로 가는 존재인지, 나는 어떤 가치와 의미를 가진 존재인지에 대해 자신을 설명할 수 있는 답변이다. 이것은 신관(神觀)과 연결되어 있다. 인격적 하나님의 존재를 믿는 사람은 그 안에서 자신의 존재에 대한 이론의 틀을 정립한다. 즉 자신은 하나님에 의해 만들어진 피조물이며 자연이 만든 우연의 산물이 아니라고 믿는다. 하지만 하나님의 존재를 부인하는 사람은 자신은 그저 자연에 의해 우연히 만들어진 진화의 산물이라고 받아들인다.

하나님의 존재를 인정할지라도 하나님과 자신의 관계에 대한 이미지가 어떤지에 따라 정체성이 달라진다. 하나님과 자신의 관계를 긍정적으로 보는 사람은 자신의 존재에 대한 긍정적 정체성을 갖지만 하나님과 관계가 부정적인 경우 자신에 대한 부정적 정체성을 갖게 된다. 인간은 만물의 영장이라고 하지만 가장 기본적인 답변 즉 자신이 누구인지에 대해 바로 알지 못한다. 그리고 자신의 존재에 대한 바른 답변의 부재는 결국 삶의 혼란으로 이어진다.

한 방송사에서 초등학교 아이들에게 가장 부러운 친구가 누구인지 물었을 때 많은 아이들이 답변하기를 존재감이 있는 친구라고 답했다. 그리고 존재감이 있다고 지목된 아이들이 가진 특징은 환경에 관계없이 스스로에 대한 자신감을 가진 아이들이었다. 그 자신감으로 인해 어린 아이지만 다른 친구들을 배려하기도 하고 자기가 하고 싶은 일을 열정적으로 하는 특징을 가지고 있었다. 자신에 대한 확신이 약할수록 다른 아이들과 자신을 비교하며 열등감에 빠지고 비교의식에 시달리고 경쟁심에 묶이게 된다.

그러므로 이와 같은 정체성의 문제는 초등학생뿐 아니라 본격적으로 비교의식에 내몰리는 청소년 시기에도 너무나 중요하다. 특히 인생을 바르게 완성하고 마감해야 하는 노년층에서는 자신의 정체성이 바로 확립되지 못할 때 삶의 의미를 찾지 못하고 극도의 허무감과 우울감에 빠질 수밖에 없다. 노인의 우울증이 높고 자살률이 높은 것은 자기 정체성의 문제와 관련이 깊다고 본다.

자신에 대한 바른 정체성을 갖지 못하고 지나치게 낮은 평가나 반대로 과대망상적인 평가를 가지고 살아갈 때 그 삶은 마치 부평초와 같이 작은 일에도 큰 파도를 당한 것처럼 흔들리고 옆 사람이 던지는 무심한 말 한마디에도 지나치게 예민해서 몇 날을 괴로워하게 된다. 또한 자신의 행동이나 업적을 자신과 지나치게 동일시하기에 직장에서 은퇴를 하거나 일의 성과가 좋지 않았을 경우에 자기 자신의 존재 가치가 사라지는 것과 같이 받아들이기도 한다.

사례자의 경우에도 자신의 정체성을 '피아노를 잘 치는 사람'으로 설정하고 있었기에 대학실기에서 실패했다는 것은 사건이 아니라 자신이란 존재의 정체성이 흔들리는, 즉 자신의 기반이 흔들리는 일로 인식된 것이다. 그러나 올바른 정체성이란 대학을 붙고 떨어지는 것과 상관없이 우리 안에 자리를 잡고 있어야 되는 것이다.

'내가 누구인가'라는 이 질문에 대한 바른 답은 우리의 행동에 의해 변하거나 흔들려지는 것이 아니다. 또한 혈육으로도 이 문제를 해결할 수 없다. 왕의 자손으로 태어났다고 해서 그가 왕이라는 존재가치를 지닌 것이 아니며 천민으로 태어났다고 해서 천민의 정체성을 가진 것은 아니다.

나라가 망하면 왕족도 그저 한낱 평민으로 돌아갈 수밖에 없고 천민이라 할지라도 그 정체성을 벗을 수 있다. 하지만 대부분의 사람들은 이런 혈통이나 신분으로 사람의 정체성을 구속해 버리는 문화적인 틀을 진리처럼 그대로 받아들인다.

그러나 이런 틀을 깨고 자신을 찾아가는 사람들을 통해 우리는 도전을 받게 된다.[21]

바른 정체성을 갖는다는 것, 즉 자신의 존재에 대한 가장 바른 답이란 무엇인가?

---

21 인도의 최상위 랭킹 대학인 푸네 대학 총장이며 국제적 경제 학자로 인정받는 나렌드라 자다브는 불가촉 천민으로 태어났다. 불가촉 천민은 존재 자체가 수치가 된다는 최하층 계급이다. 그들은 자신의 더러운 발자국을 지우기 위해 항상 작은 빗자루를 갖고 다녀야 하고 공동우물에서 물도 마실 수 없다. 힌두교는 불가촉 천민은 전생에 악한 짓을 한 자들이기에 이 운명을 받아들여야 한다고 한다. 수천년 동안 종교화 되어 내려오는 운명론의 결박은 천겹 쇠사슬처럼 인도인을 묶고 있으나 그는 이 결박에 저항했다. '나는 힌두의 불가촉 천민으로 태어났다. 그것은 내 힘으로 어떻게 할 수 없는 일이었다. 그러나 치욕과 모욕 속에서 살기를 거부하는 것은 내 힘으로 할 수 있는 일이다.' 그 과정은 너무나 힘이 들고 위험했으나 그는 해냈고 그 결과, 그는 세계를 놀라게 한 인물이 되었으며 국제 금융의 전문가로 인도의 미래를 이끌 차기 대통령감으로 지목되고 있다.

그것은 행위에 따라 변하지 않고 시간에 의해서도 변경되지 않을 수 있는 답변이며 타인이 동의해주든지 해주지 않든지에 상관없는 즉 사람의 의견에 의해 좌우되거나 변경될 수 없는 절대적 답변이어야 되는 것이다. 타인의 인정이나 판단에 의해 변경될 수 없고 시간에 의해 변할 수 없는 것 그리고 심지어는 죽음에 의해서도 변형될 수 없는 우리 자신의 존재의 이유, 존재의 가치를 말해주는 절대적 진리를 바른 정체성이라고 말한다.

하지만 인류 역사 누구도 자신에 대해 그리고 인간에 대해 '존재의 절대적 정립'을 가진 사람은 없었다. 오직 한 분 예수 그리스도만이 스스로에 대한 절대적 정체성을 가지고 계셨던 것이다. 그리고 예수님이 스스로 말한 자신에 대한 증언은 역사를 타고 내려오는 예언과 그 예언의 성취 그리고 그 삶의 열매와 부활로 뒷받침되었다. 예수님은 다른 성인들이나 종교의 창시자들처럼 자신의 정체성이나 인생의 의문들에 대해 탐구하지 않았고 출생의 이유를 알지 못해 방황하지 않으셨다. 그분은 출생 전부터 분명한 목적을 가지고 인간 세상으로 오셨다.

그분은 자신이 어디에서 왔으며 어디로 가고 자신이 어떤 존재인지를 아셨고 사람들에 의해 존경받을 때나 인류 전체에게 버림을 받고 십자가의 사형수로 비참하게 생을 마감하시는 순간에도 자신에 대한 정체성이 흔들리지 않으셨다.

예수님은 자신이 하나님의 아들이라고 하는 정체성을 분명히 하셨기 때문에 사형 선고를 받고 죽음의 길을 가셔야 했다. 그의 죄명은 자신이 하나님이라고 말한 것이었다. 인간은 오직 예수 그리스도 안에서 자기 정체성의 문제를 해결할 수 있다. 자신에 대해서도 알지 못하는 사람이 다른 사람에게 존재의 이유를 말해 줄 수 없다. 그러나 인간을 만든 창조주이며 삶과 죽음 이후의 모든 것을 아시는 분, 땅에서 난 것이 아니라 하늘에서 오신 분, 분명한 목적을 가지고 수천 년 전의 수많은 사람들이 예언했던 대로 이 땅에 오신 예수님은 인류 가운데 자신의 처음과 끝을 분명히 하신 오직 한 분이셨고 그 말과 삶이 일관성이 있고 가장 높은 도덕성을 보여주신 하나님이시며 말씀하신 대로 죽었다가 다시 살아나신 분이시기에 예수님만이 내가 누구인지를 말해 주실 수 있는 권위와 조건을 가지고 계신다.

모든 사람은 인간이면서도 하나님이신 예수 그리스도를 통해서만이 자신의 정체성을 바르게 정립할 수 있는 것이다. 나를 지으신 창조주가 사람의 언어로 설명해주시는 나의 존재에 대한 답변이야말로 가장 바른 답변이며 시간이나 환경에 의해 바뀔 수 없는 절대 불변의 진리다. 우리 자신의 존재에 대해 예수 그리스도께서 일러주시는 이 정체성을 받아들일 때 이것을 기초로 해서 인간은 비로소 자신의 자아상을 바로 가질 수 있고 건강한 자존감을 만들어 갈 수 있다.

(2) 자아상은 어떻게 만들어지고 어떻게 교정될 수 있나?

자아상은 외부 환경의 영향을 받으며 계속해서 만들어져 간다. 자아상 형성에 가장 강력하게 영향을 주는 요인은 부모님이 가지고 있는 가치관과 자녀를 대하는 태도 그리고 가족 안에 형성된 가족 관계 시스템,[22] 또한 친구와 학교 환경 등이다. 특히 어린 시절에 맺어진 관계들 속에서 주고받은 영향력은 자아상 형성에 매우 큰 요인이 된다. 자신에 대한 이미지가 백지상태로 태어난 인간은 주변의 사람들이나 환경을 통해 들어오는 자료들을 토대로 자신에 대한 이미지를 스스로 만들어 간다. 이와 같이 형성된 자기 이미지, 즉 자아상이 부정적으로 만들어질 경우 이것은 자신을 존중하거나 자신의 가치를 긍정적으로 볼 수 없게 만든다.

다음 실제 사례를 통해 부정적 자아상이 어떻게 만들어지는지 그리고 이것은 삶에 어떤 영향을 주는지를 살펴볼 수 있다.

---

22 체계 (system)란 상호연관적이고 상호의존적인 다양한 요소들로 이루어진 구조이며 상호작용하는 사람들의 집단이라고 표현할 수 있다. 가정은 구성원들이 서로에게 상관없이 독립적으로 기능하는 것이 아니라 연합된 전체로서 서로에게 영향을 주고받으며 기능하는 살아있는 체계다. 이 체계가 병리적으로 형성되어 있을 때 그 안의 구성원에게 병리적 현상이 발생한다. 한 사람에게 나타난 질병상태는 가족 체계의 문제를 보여주는 것이다 – 브루스 리치필드, 『기독교 상담과 가족 치료 Vol. 3』, 가족체계 이론 중에서.

박OO 이야기

박OO은 세 자녀를 두고 있는 사십 대 중반의 목회자의 아내다. 그는 어릴 때부터 극도로 내성적인 성격이었고 표정도 없고 어떤 상황에서도 자기 감정을 표현하지 않았다. 엄마 앞에서도 전혀 말을 하지 않아 가족들이 걱정을 많이 할 정도였다. 하지만 언어 기능에 문제가 있는 것은 아니었다. 그러다 대학생 때 선교단체를 통해 예수님을 영접하고 난 이후 박OO은 조금씩 변하기 시작했다. 특히 예수님을 알고 난 이후 '나도 뭔가 할 수 있구나' 하는 자신감이 생겼다고 한다.

그는 25세 나이에 일찍 결혼을 했는데 남편은 신학을 공부하기 위해 집을 떠나면서 거의 혼자서 아이들을 양육해야 했다. 그런데 첫 아이에 이어 두 번째 쌍둥이가 태어나 갑자기 세 아이의 양육을 하게 되면서 문제가 터지기 시작했다. 한 번씩 사소한 일로 아이들에게 화가 나면 조절할 수 없을 정도의 분노가 폭발하는 것이었다. 말도 제대로 못하는 어린아이들을 향해 폭력과 분노를 쏟아 내는 자신을 보며 박OO은 스스로에게 충격을 받았고 심한 죄책감으로 수없이 기도를 했지만 화는 다스려지지 않았다.

그 이후 남편이 신학대학원을 졸업하고 교회를 시작했으나 교회도 심한 어려움에 거의 문을 닫을 지경이 되면서 박OO의 상태는 더욱 나빠졌다.

특히 분노가 더 커졌으나 밖으로 표출할 수 없었기에 분노는 그녀에게 내면화되어 심각한 우울증에 빠지게 되었다. 이런 상태가 계속되자 사모였으나 극단적 생각까지 하게 되면서 이래서는 안 된다는 생각에 이곳저곳 상담소를 찾아 상담을 받아 보았으나 상태는 좋아지지 않았다. 극도의 무기력증과 불면증에 시달리던 어느 날 밤에 그는 남편이 자기를 위해 사다준 책에 눈길이 갔다. '내 마음 속에 울고 있는 내가 있어요.' 벌써 몇 달 전부터 남편은 이 책을 자기 옆에 놨지만 박00은 책장을 넘길 의욕도 없었기에 그 책은 오랫동안 방치되어 있었다. 아무리 노력해도 잠이 오지 않자 결국 그 책을 집어 들어 책장을 넘기다가 그 내용 중에 그의 마음이 울컥 건드려 지는 것이 있었다. 그리고 그 눈물은 기도로 이어졌다. 그는 기도하는 가운데 한 가지 사건이 선명하게 기억이 났다.

그것은 아버지에 대한 기억이었다. 아버지는 성격이 매우 유약하고 여린 분이었는데 술만 먹으면 완전히 딴사람으로 돌변하곤 했다. 박00의 아버지는 술에 취하면 어머니와 동생 그리고 큰딸인 박00을 무지막지하게 때리곤 했는데 반드시 방문을 잠근 뒤 때리기 때문에 그 공포는 너무도 끔찍했다고 했다. 그런데 박00에게 떠오른 기억은 그 사건들 중에 더 특별한 일이었다.

그것은 자기가 5살 정도 되던 때의 기억이었다. 그날 박00은

작은방에서 이제 태어난 갓난 동생을 데리고 잠을 자고 있었다. 어릴 때 박OO의 가정은 할머니와 증조할머니를 모시고 살았는데 그날 밤에 그 집에는 두 분 할머니도 엄마도 아무도 없었다. (그는 처음에는 알지 못했으나 세미나에서 기도하는 가운데 모두 집을 비운 것은 아버지의 폭행을 피해 도망간 것이라는 생각이 들었고 이 사건으로 인해 5살짜리 아이 안에 자신을 데리고 도망가 주지 않은 엄마에 대한 원망이 만들어져 지금까지 잠재되어 왔다는 사실을 알았다고 했다.)

술에 취해 들어온 아버지는 집에 아무도 없자 작은방으로 들어와 어린 동생을 데리고 잠을 자고 있는 5살짜리 딸을 발견했다. 그리고 그곳에 놓인 광목 기저귀 천을 가지고 자고 있는 어린 딸의 발목을 묶어 천장 들보에 거꾸로 매달고 때리기 시작했다. 5살짜리 아이가 잠을 자다가 갑자기 거꾸로 매달려 술 취해서 이성을 잃은 아버지에게 매를 맞은 것이다. 하지만 이런 악몽 같은 사건이 있었음에도 기억에서 희미했고 더구나 이 사건이 자신에게 어떤 영향을 주었는지 박OO은 알지 못했다고 했다.

그런데 이 사건이 선명하게 떠오른 것이다. 그는 지금 현재와 아무 상관도 없는 이런 일들이 떠오르며 마음 안에 무언가가 계속 건드려지자 더 분명하게 자신을 알아야겠다고 생각해서 세미나에 참여했다. 그리고 그곳에서 기도하는 가운데 이 사건이 자신의 성격과 자아상, 우울감에 어떤 영향을 주었는지를 뚜렷이 알게 되었다. 그 사건은 그로 하여금 부모와 세상에 대한 극도의 공포를 만들어 주었고 모든 세상을 향해 벽을 만들어 버리게 했다. 무서운 이 세상에서 스스로 자신을 지키기 위해 벽을 만든 것이다. 그리고 그 안에 들어가 모두에게 마음을 닫은 것이다. 엄마마저 무서운 아버지 앞에 자신을 버려두고 가버렸다는 사실은 이 세상에 자신이 의지할 사람은 아무도 없다고 느껴지게 했다. 그래서 누구에게도 마음을 열지 않았고 자기 감정을 표현하지 않았다.

이것은 5살 아이가 의식적으로 선택한 것이 아니라 무의식적 선택이었고 본능적인 자기 보호다. 박00은 항상 사람들 앞에서 아무 말도 하지 못하고 주눅이 드는 자기 성격을 바꾸고 싶었다. 하지만 바꿔지지 않았기에 그저 자신은 못난 사람이고 아무것도 할 수 없는 사람이라는 부정적인 자아상을 가지게 되었고 자존감도 점점 낮아졌다.

그나마 그리스도인이 된 후 변화가 있었으나 그 변화는 그의 5살 심령의 아픔까지는 아직 미치지 못했다. 이런 상태로 어린 세 아이를 거의 홀로 돌보고 교회의 여러 가지 어려운 인간관계의 문제가 닥쳐오자 박00은 그 스트레스를 견딜 수가 없었고 결국 심각한 우울증으로 떨어지고 만 것이다.

이처럼 부정적 자아상은 환경에 의해 만들어지며 그 결과는 낮은 자존감으로 이어지고 결국 현실에 닥친 문제를 해결하는데 매우 취약한 사람이 된다. 하지만 자아상이란 머리에 들어 있는 지식적인 것이 아니라 마음에 새겨진 자신에 대한 이미지이기 때문에 계속적인 심령의 변화가 필요하다. 자신을 존중해 주는 사람과의 관계를 통해 혹은 사랑을 주고받는 신뢰의 관계를 통해 인간 내면의 일그러진 자아상은 회복될 수 있는 힘을 얻는다. 그리고 어떤 경우에는 박OO처럼 내면에 깊이 박힌 결정적 사건들이 해결돼야만 근본적으로 변화될 수 있다.

2) 하나님에 대한 개인적 이미지를 자가하게 하고 성경적인 바른 이미지로 변화되도록 돕는다.

하나님에 대해 가지고 있는 이미지는 심리건강에 큰 영향을 미친다. 자신의 실제적 삶과 무관한 것 같은 하나님이 아니라 자신을 사랑하시고 삶에 구체적으로 개입해주시는 이미지로 바뀔 때 우울증 환자들에게서 나타나는 증상들, 즉 삶에 대한 무관심, 무력감, 죄책감 그리고 불안과 두려움이 모두 해결될 수 있다.

실제로 필자의 박사 논문 연구에서 우울증 소인이 높은 사람들에 대한 조사 결과 내적치유세미나와 교육을 통해서 긍정적 심리 변화를 일으키게 된 가장 중요한 요인은 바로 하나님과의 관계 변화였다.

그리고 하나님과의 관계 변화에 영향을 미친 요인에 관한 질적 연구 분석 결과에 의하면 죄책감의 해결과 기억의 치유를 통해 하나님에 대한 이미지의 변화가 만들어진 것으로 조사되었다. 고통스러운 사건들은 하나님에 대한 이미지를 부정적으로 만든다. '내게 고통을 주시는 하나님' 혹은 '나를 버려두신 하나님'의 이미지를 형성하는 것이다.

그런데 이런 사건들이 성령의 도우심 안에서 재조명됨으로 인해 아픈 감정들이 사라지면서 하나님에 대한 부정적 이미지가 '나를 사랑하는 분'으로 바뀐 것이다. 이것이 우울증에서 벗어나게 하는 강력한 촉진제가 되는 것이다. 하나님이 존재하시고 그분이 나를 사랑하는 분이라는 이미지가 만들어진 사람은 어떤 어려운 상황을 만나도 흔들릴 수는 있으나 그 스트레스를 건강하게 이겨낸다.

3) 우울감을 유발하는 실제적인 사건에 대한 부정적 기억의 치유를 돕고 하나님 아버지에 대한 친밀감을 갖도록 돕는다.

우울증의 치료에서 중요한 것은 우울감을 만들어내는 원인에 대한 해결이다. 원인이 명백하게 드러나고 그 원인이 해결되면 자연히 우울감도 사라지고 벗어나게 되지만, 원인이 드러나지 않는 우울증은 더욱 심각하게 진행된다.

원인이 드러나지 않은 우울증은 잠재의식의 영역을 살펴보아야 할 필요가 있으나 그곳은 눈으로 볼 수 없는 깊고 어두운 바다의 속과 같다. 그러므로 인간의 마음이라는 바닷속에서 바다를 어지럽히는 원인을 발견해 낸다는 것은 인간의 노력만으로는 한계가 있다. 성령의 도우심이 없다면 우울증을 비롯한 인간의 모든 심리적 질병은 치료에 한계가 있을 수밖에 없는 이유가 이 때문이다. 하지만 이사야 선지자는 예수님이 이 땅에 오셔서 병든 속사람을 치유해 주실 것이라고 예언했다(사 61:1-3).

또한 우리 안의 굳은 마음, 즉 적개심과 슬픔과 고립으로 인해 어느 누구도 신뢰하지 못하고 사랑하지 못하게 된 딱딱한 마음을 갈아엎어 부드럽게 해주시겠다는 약속을 하셨다.

> 또 새 영을 너희 속에 두고 새 마음을 너희에게 주되 너희 육신에서 굳은 마음을 제거하고 부드러운 마음을 줄 것이며 (겔 36:26).

인간의 마음은 땅과 같아서 딱딱해지고 굳어지며 더러워질 수 있다. 또한 가시덤불만을 만들어 내는 쓸모 없는 땅이 될 수도 있다. 이런 땅은 열매 맺지 못하므로 파종하지 말라고 하신다(렘 4:3). 부정적 기억들은 마음을 굳게 만들고 굳어 버린 마음은 좋은 열매를 맺지 못한다. 히브리서 기자는 말하기를 땅이 그 위에 자주 내리는 비를 흡수하여 밭가는 사람들이 쓰기에 합당한 채소를 내면 하나님에게 복을 받고 만일 가시와 엉겅퀴를 내면 버림을 당하고 저주함에 가까워 그 마지막은 불사름이 될 것이라는 경고를 하고 있다(히 6:7.8).

건강하지 못한 마음은 적극적인 선을 행할 힘이 없다. 합당한 채소를 내지 못하고 가시덤불이나 엉겅퀴처럼 삶을 파괴하는 것들을 만들어 낼 뿐이다. 심겨진 나무에 힘을 주지 못하고 선천적으로 하나님이 주신 재능들, 즉 좋은 씨앗이 풍성하게 크지 못한다.

우울증이라는 증상은 땅 위에 드러난 영혼의 고통이며 마음의 아픔의 결과다. 그러므로 그 마음을 아프게 하고 병들게 한 근본적인 원인에 대해 접근하는 것이 성경적 관점이며 성서적 내적치유의 방향이다. 성령은 표면적인 행위만을 교정하기 원하시는 것이 아니라 마음을 새롭게 하신다. 예수님은 회칠한 무덤과 같은 행위, 즉 마음은 약하고 더럽지만 행위만 그럴듯하게 포장하는 종교인들에 대해 가장 엄한 책망을 하셨다.

예수님이 보내신 성령 하나님은 마음을 새롭게 만들어 주시기 위해 믿는 사람 안에 내주하고 계신다. 성령께서는 우리의 마음속의 쓰레기들을 걷어 치워주시며 마음이란 땅을 기경하신다. 이런 과정들이 결국 우울증을 비롯한 모든 심리 질병들을 온전히 치유하는 결과로 나타나는 것이다. 여기에서 중요한 관건은 우리의 적극적인 협조다. 그 협조란 자신의 죄와 상태를 솔직하게 인정하는 겸손한 마음을 갖는 것이며 변화되고자 하는 소원을 갖는 것이다.

4) 그리스도의 몸 된 공동체의 중요성을 인식하게 한다.

우울증을 비롯한 수많은 심리적 질병이 만들어지는 근원의 뿌리는 무엇일까? 성경은 모든 문제의 시작이 생명의 근원이며 아버지 되신 하나님으로부터 인간이 떨어져 나간 것이라고 말한다. 죄는 서로를 고립시킨다. 그러나 예수님의 승천 이후 성령이 오셔서 이 땅에 예수님을 머리로 모시는 교회를 만드셨다. 예수 그리스도를 중심으로 하는 그리스도인들의 모임은 성령이 역사하시는 공간이다.

현대 인류는 점점 더 혼자의 삶 속으로 내몰리고 있다. 마치 박00이 가족 안에서 살지만 아빠도 엄마도 전혀 믿지 않고 5살 아이가 자기 혼자의 세계 속으로 들어가 버린 것처럼 사람들은 혼자의 삶을 살고 있다. 이로 인해 만들어지는 증상 중 하나가 우울증이다.

우울증이나 불안장애 등 모든 심리질병은 사랑의 관계가 끊어짐으로 발생한 관계의 질병이다. 그러므로 온전한 치유와 회복은 나를 만드신 하나님의 가족 안으로 다시 돌아가 고립상태에서 벗어나야 한다. 치유와 계속적인 성숙의 비밀은 예수 그리스도를 중심으로 하는 친교와 그리스도의 몸 된 공동체 안에 있는 것이다.

중독자가 일어설 수 있기 위해 같은 문제를 가졌던 사람들로 구성된 지지 그룹이 필요하듯이 하나님 안에서 가족이 된 그리스도인들 또한 서로의 도움이 필요하다. 이런 힘들은 성령이 행하신 치유를 더욱 견고하게 하고 실제화 되게 한다. 이것이 이 땅에 건강한 교회가 계속 존재해야 하는 이유다.

생각해 보고 함께 나눠 봅시다.

1. 딸이 우울증에 걸린 이유는 무엇입니까?
2. 그 딸을 치료하기 위해 어떻게 했으며 그로 인한 결과는 무엇입니까?
3. 딸이 회복될 수 있었던 이유는 무엇입니까?
4. 그리스도인의 가정에 이런 일이 발생한다면 가정과 교회는 어떤 자세를 가져야 하며 어떻게 도움을 줘야 할까요?

| 사례 5편 |

우울증에 갇힌 목회자와 하나님
활달했던 내가 어떻게 우울증에

낙천, 활발함의 대명사였던 내가 우울증?

나는 47세의 목사다.

나는 2006년 9월부터 심각한 우울증을 앓고 있었다. 성격이 매우 활달하고 명랑하며 낙천적이었기에 우울증이란 단어는 내게 정말 어울리지 않는 말이었다. 하지만 내가 우울증 환자가 되고 보니 한마디로 살고 싶지 않았다.

내가 이렇게 심각하게 우울증에 걸리게 된 결정적 사건이 있었다. 당회를 하는 도중 내가 평소 믿고 지내던 젊은 동갑내기 장로님으로부터 '목사님과 우리 교회와는 코드가 안 맞으니 임지를 구해 보는 것이 더 낫지 않겠느냐'는 말 한마디에 나는 무너지기 시작한 것이다. 그 장로님에 대해 실망하고 분노하는 것에 그치지 않고 그때부터 심각한 대인기피증, 불면증, 무력감, 자살 충동까지 이르게 되었다.

이런 나를 보면서 믿음 없는 목사라고 자학하며 스스로를 채찍질하며 일어서보려고 죽을 힘을 다했다. 정말 더 갑갑한 것은 내가 우울증에 걸렸다는 사실을 누구에게도, 심지어 사랑하는 아내에게도, 동료 목사들에게도 내 아픔을 털어놓고 말할 수 없다는 현실이었다. 내 자신이 도저히 이런 사실을 받아들일 수 없었기 때문이다. 그렇게 살다가 급기야는 2006년 12월에 정신과 병원에 입원까지 하게 되었다.

하지만 퇴원 후에도 뾰족한 수가 없이 시간은 자꾸 흘러가고 나중에는 순간순간 살고 싶다는 욕망과 동시에 죽고 싶다는 생각이 반복되었다. 기도하려고 죽을 힘을 다했지만, 기도도 말씀 묵상도 제대로 할 수가 없게 되었다.

눈물도 나오지 않은 채 나는 말라죽어가고 있는 것 같았다.

"아! 나는 이제 이렇게 살다 죽어야 하는가? 하나님! 저도 이전처럼 건강하고 행복해지고 싶어요." 이렇게 하루에도 몇 번씩 부르짖을 뿐이었다.

그러던 차에 책장에 꽂혀있던 '내 마음속에 울고 있는 내가 있어요'와 '엄마 가지마'라는 두 권의 책을 읽게 되었다. 예전 같으면 이런 내적치유 서적은 나와 코드가 맞지 않다고 여겨서 관심도 없었지만 그날은 책을 읽어가는 가운데 이 안에 분명 어떤 해답이 있다는 희망이 느껴졌다. 하루를 견디기가 어려웠기 때문에 너무 급해서 대구의 내적치유사역원 상담소에 연락해서 상담소 목사님과 상담하게 되었다. 상담 목사님은 자신도 목회자이지만 충분히 우울증에 빠질 수 있음을 자기 사례를 들어 이야기해주셨고, 그 말에 용기를 입어 아내와 큰 형수에게 내가 우울증이라고 말하며 기도를 부탁했다. 그리고 77차 세미나에 참여하게 되었다.

　세미나 첫째 날과 둘째 날이 지나가고 끝날 시간은 얼마 남지 않았는데 무엇인가 해결될 것 같았지만, 마음에 잡히지 않아 초조해지기 시작했다. 담임 목회지를 비워두고 멀리서 여기까지 왔는데, 우울증을 반드시 고침 받고 가야만 목회를 할 수 있을 텐데, 여기서도 안 되면 나는 어떻게 살아갈 수 있을까 하는 절박한 마음이 들었다. 그런데 예수님의 인성에 대한 강의를 듣는 시간이었다.

　시편 139편의 말씀 중 '음부에 내 자리를 편다'는 말씀과 거기서도 '주의 손이 나를 인도하시어 주의 오른손이 나를 붙드신다'는 말씀이 내 가슴에 부딪혔다. '음부'가 해석되기를 '나의 지금 고통의 현장, 우울증의 아픔'이라고 생각됐다. 성령님이 앞에

계심을 믿고 두 손으로 포옹하라는 말에 처음에는 거부 반응이 일어났지만, 나중에 시편 139편 말씀 '내가 주의 신을 떠나 어디로 가며 주의 앞에서 어디로 피하리이까'라는 말씀이 믿어지면서 보혜사 성령님이 바로 내 앞에 계시는 것 같았다.

그래서 두 팔을 벌려 성령님을 마음으로 포옹하자마자 내 가슴이 뻥 뚫어지는 것 같았다. 그리고 울어보려고 그토록 노력해도 안 나오던 눈물이 한없이 흐르는 것이었다. 얼마나 울었는지 모르겠다. 그런데 우는 중에 나를 누르던 우울함이 씻은 듯 사라지고 내 안에 새로운 변화가 있었다. 이 현상을 모두 이해할 수는 없지만 내가 치료되었다는 것을 분명히 알 수 있었다. 그 이후 나는 목회지로 내려가서 전보다 더 힘있게 사역을 할 수 있게 되었다.

우울증은 성격이 소심하고 내성적인 사람들만 걸리는 것인 줄 알았는데 나처럼 다혈질에 활발한 성격을 가진 사람, 더구나 목사도 걸릴 수 있다는 사실을 체험하고 나니 성도들 보는 눈이 달라졌다. 이전의 나는 누가 우울하다고 하면 신앙이 부족해서 기도가 부족해서 그렇다고 여겼는데 이제는 우울증에 걸린 성도를 보면 너무나 불쌍하고 얼마나 힘이 들까 생각이 들어 설교하는 것보다는 말을 들어주고 격려해주는 목회자로 변했다.

생각해 보고 함께 나눠 봅시다.

1. 사례자가 우울증에 걸리게 된 결정적 이유는 무엇입니까?
2. 사례자가 우울증에서 회복하는 과정과 첫 번째 사례 (우울증으로 무너진 엄마와 딸)의 회복 과정에 관한 차이점을 나눠 봅시다.
3. 우울증에 빠진 목회자를 당신은 어떻게 생각하십니까?

4부

공황장애와 내적치유

사례 6편. 10년 공황장애 환자와 하나님
사례 7편. 일생을 공포에 갇힌 공황장애 환자와 하나님

| 사례 6편 |

10년 공황장애 환자와 하나님

머리에 깁스했다 하고 사시오.

한 가닥 희망이 절망으로

그날은 병실 안에서 공황발작이 일어났다. 미국에서 들여온 가장 최신 호르몬 요법으로 치료하는 중이었다. 내가 발작을 하자 의료진들은 나를 독방에 가두고 사지를 다 수갑으로 묶고 불을 끄고 그냥 가는 것이었다. 움직일 수 없는 그곳에서 끔찍한 무서움에 떨며 소리를 질렀다.

"살려주세요! 살려주세요!"

하지만 아무도 오지 않았다. 그러다 창문 너머로 지나가는 의사와 간호사들의 대화를 듣게 되었다. 그들은 지금 내게 투여하고 있는 약과 주사의 효능에 대해 그저 새로 수입된 약이니 한번 실험이나 해보자고 서로 농담을 주고받으며 커피를 마셨다.

곧 죽을 것 같은 공포로 소리 지르는 내게 눈길 한번 주지 않고 지나가는 그들을 보며, 그리고 이번 약에 희망이 있다고 장담했던 의사의 말을 그나마 믿고 기대했던 마음이 모두 무너지면서 모든 것이 속임수 같았고, 이대로 죽고 싶다는 생각밖에 없었다.

결국, 약은 아무 효과도 없었고 내게 닥치는 공포는 더욱 거세게 나를 끌고 다녔다. 이러다 보니 우리나라에서 제일 유명하다는 의사도 그 많은 의료진도 어떻게 할 줄 몰라 했다. 그러다가 결국 내가 생명줄처럼 붙들고 있던 그 선생님께서 남편을 불러 마지막 선고를 했다.

"당신 아내는 모든 공황장애 중에 악질 중의 악질인 공황을 모두 다 가지고 있습니다. 우리가 만약 팔이 부러지면 정형외과에 가서 깁스를 하죠? 그렇게 하듯이 이 사람은 죽을 때까지 머리에 깁스했다 생각하고 사세요. 그리고 송OO 씨는 앞으로는 공황을 없애려고 하지 말고 죽을 때까지 그저 친구라고 생각하고 사세요."

이미 마음속에서는 치료가 안 되는구나 짐작을 하며 수없이 절망하고 또 절망했지만, 그래도 한 가닥 기대하며 구세주처럼 붙들고 있던 의사로부터 절대 고칠 수 없다며 평생을 이렇게 살아야 한다는 말을 듣자 나는 그때부터 의사도 병원도, 사람도 세상도 다 필요 없었다.

살아 있어 줘서 고마워!

나는 눈을 뜨는 게 싫었다. 깨어나지 않으려고 아슬아슬하게 잠으로 비티는 데 아침에 창문에 들이오는 빛으로 눈이 떠지면 나는 불안감이 엄습해오며 벌써 절망에 빠졌다.
'오늘도 또 숨 쉬는구나, 또 숨 쉬어야 하는구나!' 이렇게 사는 나를 향해 직장에서 종일 일하고 지쳐서 온 남편은 말하곤 했다.
"OO야! 오늘도 살아 있어 줘서 고마워!"
포기하고 싶을 때마다 남편의 그 말이 나를 붙들었다. 그러나 의사의 치료 포기 선고 이후 나는 완전히 술병만 끼고 살았다. 남편도 가족도 아닌 술이 나의 유일한 친구였고 해결책이었다. 낮이고 밤이고 새벽이고 눈만 뜨면 술을 마셨다. 술기운으로 내 의식을 마취시켜야만 그나마 그 끔찍한 공포가 잦아들지 않을까 하는 바람 때문이었다. 이런 나를 친구들도 이해하지 못했고, 세상 사람들은 오히려 손가락질하며 이상한 정신병자 취급을 했다.

나는 우리나라 국가대표 수영선수

하지만 이런 내가 한때는 물속을 날아다니는 국가대표 수영선수였음을 어느 누가 상상이나 할 수 있을까! 어릴 때부터 사람들은 내가 활발하고 대범하며 성격이 좋다고 다들 귀여워해 주셨다. 그랬던 내가 같이 수영을 하는 띠동갑의 나이 많은 남편을 만나 결혼하게 되었다. 그때부터 나는 어둡고 깜깜한, 아주 더러운 터널로 들어가기 시작했다.

남편의 가족은 남묘호렌게쿄교인데 시어머니는 그곳에서도 아주 열렬한 신자셨다. 그런데 시댁 식구들이 나를 대하는 태도가 나로서는 전혀 들어본 적도 상상해본 적도 없을 만큼 무섭고 이상했다. 남편은 시댁에서 시어머니에게 보물 같은 존재였다. 그러나 며느리인 나에게 시댁 식구들의 인격모욕적인 행동은 도저히 이해할 수도 없고 감당할 수도 없었다. 하지만 이런 사실을 남편에게 말하는 것조차 두려워 할 만큼 나는 그들 앞에서 주눅이 들었고 점점 모든 자신감이 없어져갔다. 그러더니 활발하던 성격도 사라지고 극도의 불안 장애와 대인 기피증이 생겼다. 그리고 어느 날부터 몸이 마비되더니 공황발작이 일어난 것이다. 한번 생긴 공황발작은 그 횟수와 정도가 점점 심해졌고 그것을 멈출 방법은 없었다. 병원에 실려 가도 별다른 효과가 없다는 게 나를 더 큰 공포에 빠지게 했다. 그 발작을 멈출 방법은 내가 자해를 해서 피를 보는 것이었다. 피를 보며 더 끔찍하고 무서운 공포를 스스로 만들면 그제야 공황발작이 조금이나마 가라앉는 것이었다. 왜 내가 이렇게 되는지 알 수 없었지만 마치 내 안에 나를 죽이려고 엿보는 공포의 괴물이 살고 있는 것 같았다. 그 괴물은 아주 작은 움직임에도 깨어났다.

몸이 조금 피곤해도 내 안의 괴물이 기지개를 켜는 것처럼 발작이 일어났다. TV를 보다가 조금이라도 힘든 장면이 나와도 공포가 덮치며 발작이 일어났다. 조금이라도 기분 나쁜 생각이 스치도 그 생각을 타고 엄청난 공포의 쓰나미가 몰려와 나를 덮쳐버리고 사방으로 끌고 다녔다. 내 삶은 밤과 낮이 없으며 새벽에도 안에서도 밖에서도 매일 순간순간 무섭고 두렵고 무시무시한 공포가 나를 놓아주지 않았다.

공황발작이 한 번 일어나면 시간 제한도 없었다. 공포가 언제 끝날지, 어떻게 끝내야 할지 속수무책이 되다 보니 119가 나의 전용차였으며 그나마 나를 안심시키는 친구였다.

처음 불안 증세가 일어났을 때 나는 임신 중이었다. 이런 공황장애를 겪으면서도 아이를 낳을 수밖에 없었고 아이를 키울 수밖에 없었다. 내 아이는 이런 내 모든 모습을 다 보고 컸다. 어느 때는 아이가 다쳐서 울고 있는데 공황발작이 일어났다. 아이에게 가야겠다 싶었지만 공포로 얼어붙은 나는 그 자리에서 움직일 수 없었다. 아파서 울고 있는 아이를 보며 정말 **뼈**가 깎

이는 것처럼 아팠다. 이러다 보니 아이가 나 같은 엄마 밑에 사는 것보다는 차라리 죽는 게 나을 것 같다는 생각이 수시로 들었다. 그래서 어느 날은 자고 있는 아이를 죽이기 위해 베개로 아이를 덮으려다 놀래서 멈춘 적도 있다.

남편과 가족들은 나를 살려 보려고 유명한 병원들을 찾기 시작했다. 유명한 한의원, 정신과 선생님들, 좋다는 약, 강한 호르몬 주사까지…. 안 해본 것이 없고, 조금이라도 이름이 있으면 안 가본 곳이 없었다. 심지어 최면술까지 받았지만 나아지기는커녕 그때 뿐이었고 오히려 공황발작은 더 심해지면서 나는 폐인이 되어갔다.

이런 세월이 10년! 그나마 제일 믿음이 갔던 의사 선생님께서 외국에서 새로 들어온 약을 써보자며 분명히 효과가 있다고 희망을 주셨다. 그렇게 희망을 걸고 입원해서 8주간을 해보았는데 그 와중에 다시 공황발작이 일어나게 되어 독방에 갇힌 것이다. 이 실험이 실패로 돌아가자 의사는 내게 평생 머리에 깁스했다고 생각하며 살라고 했던 것이다.

결국, 살 수도 죽을 수도 없던 나는 그나마 내 정신을 흐리게 해 줄 유일한 방법인 술에 빠져 살았다. 술을 먹고 상태가 더 심해지면 정신병원에 실려가 입원을 해서 술 대신 독한 약과 수면제에 취해 자고, 눈 뜨면 다시 약을 먹는 삶을 반복하며 살고 있었다.

그럴 즈음 한 언니의 권유로 교회를 나가게 되었다. 어릴 적부터 가톨릭에서 유아세례를 받고 어른이 되어 경진성사라는 것을 받고 20년 넘게 다녔지만, 나는 하나님을 예수님을 성령님을 알지 못했고 오히려 날 이렇게 힘들게 살게 하시는 하나님을 부정하며 원망했다. 하지만 의사도 나를 버리니 공포를 피해 내가 기댈 곳은 술과 하나님 밖에 없었다. 그러나 교회를 다녀도 공황발작은 멈춰지지 않았다.

내 귀에 우연히 들려오는 그 말

그렇게라도 겨우겨우 교회를 나가던 어느 날이었다. 엘리베이터가 무서워 타지를 못하기에 계단으로 겨우 올라가는데 그것도 너무 무서워서 올라가지도 못하고 울고 있는 나를 누군가 곁에 와서 잡아 주셨다. 그런데 그분들이 서로 이야기를 하는데 다른 말은 들리지 않았지만, 이상하게도 그중에 한 단어가 내 귀에 꽂혔다.

'내적치유!' 나는 그 말이 무슨 뜻인지도 몰랐다. 그러나 다음 날도 그 다음 날도 이상하게 그 말이 내게서 떠나지를 않았.

내적치유가 무엇인지 몰랐지만 알고 싶고 참여하고 싶었다. 나는 용기를 내어 나를 계단에서 잡아 줬던 그분, 내적치유 공부반을 인도하고 있다는 권사님을 찾아갔다. 그리고 간절히 말했다.

"나도 그 공부반에 참여하게 해 주세요. 나도 그것이 알고 싶어요."

그날부터였다. 나는 엘리베이터를 제대로 타지도 못했지만, 권사님이 인도하는 대로 내적치유세미나 교재의 한 주제, 한 글자에 최선을 다해 올인하며 성경을 찾아보고 사이버로 강의를 듣기 시작했다. 모든 강의마다 글자 하나도 놓치지 않으려고 온 마음을 다해 세미나 교재와 책을 읽고 강의를 들었다. 강의를 듣다 보니 조금씩, 조금씩 내가 왜 이런 지경이 되었는지가 이해되기 시작했다.

물론 그 와중에도 공황발작은 찾아왔다. 그러나 분명히 점점 조금씩 그 횟수가 줄어들었다. 강의 내용 중에는 증상에 초점을 두지 말고 하나님의 진리가 무엇인지에 마음을 집중하라고 강조하는 내용이 있었다. 나는 강의에서 배운 대로 공황발작 증상은 계속 있었지만, 그것과 상관없이 진리를 배워가고 알아가는데 온 마음을 기울여야겠다고 수없이 마음을 다잡았다. 그렇게 강의를 들으며 하나씩 적용해 가는 중에 하나님이 나에 대해 기도하라고 하시는 것 같았다.

"나를 위해 기도하라고요?"

나는 그때까지 하나님에게 수만 번 '나를 고쳐주세요!'라고 기도했다. 하지만 하나님은 그것 말고 '나'라는 사람이 어떻게 살아왔는지 생각해 보라고 하신 것 같았다. 그래서 '나'라는 사람을 생각하며 기도하기 시작했는데 파노라마 필름처럼 예전 것들, 이미 까마득히 잊어버리고 있었던 과거의 사건들이 보이는 것이었다. 그리고 그 많은 사건 속에서 예수님이 어떻게 하고 계시는지를 보여 주셨다.

발작의 공포 속에서 날 돌보시는 예수님, 나를 짓밟고 있는 사람들에게서 날 막아주시는 예수님, 아이가 다쳤지만 공포로 움직이지 못해 그저 울고 있을 때 나 대신 아이를 돌봐주시는 예수님을 보여주셨다. 그 장면들을 보며 너무 감사해서 울고 있는데 주님은 그 다음 장면들을 보여주셨다. 그것은 내 안에 있는 악들이었다. 기억에도 지워졌던 나의 악들을 보았다. 분노와 저주로 뚤뚤 뭉친 원한 덩어리가 내 안에 있었다. 하나님 앞에서 그것은 악이었다. 주님은 내 안에서 그 덩어리를 없애려면 그들을 용서해야 한다는 마음을 주셨다. 나는 용서의 기도를 하겠다고 작정하고 기도를 시작했다. 용서할 것을 생각하자 덩어리 속에 들어있던 분노와 한이 터져 나오기 시작했다.

대회에서 일등을 못하면 때리고, 일등을 해 왔어도 칭찬은 없이 더 잘하지 못했다고 나를 때리던 아버지와 훈련 선생님이 생각났다.

결혼 직후부터 남편 몰래 나를 불러내서 온갖 질책과 언어폭력을 가했던 시어머니와 시누이들이 생각났다. 그들의 행동이 뚜렷이 올라오면서 내 속에 원한도 생생하게 올라왔다. 그 원한은 나를 이렇게 만든 그들을 도저히 용서할 수 없다고 울부짖었다.

죽어도 그들을 용서할 수 없을 것 같았다. 공포로 망가진 10년이 떠오르며 서리서리 맺혀진 원한 덩어리가 더 커졌다. 너무도 무서운 싸움이 내 안에서 벌어졌다. '용서하라'고 하시는 성령님과 '용서할 수 없어!'하는 내 원한이 부딪혔다. 성령 하나님은 계속 '용서합니다'의 말을 원하셨고 내 안의 원한은 용서라는 말 한마디를 하지 못하게 나를 꽉 붙잡고 있었다.

나는 아무도 없는 빈방에서 바닥을 기어가며 토하며 '성령님 제발 도와주세요! 도와주세요!'하며 외쳤다. 나는 그제야 똑똑히 보게 되었다. 내 안에 잠겨있던 원한과 비통함의 힘이 나를 죽일 만큼, 모두를 죽일 만큼 크고 강하며 그 원한이 나를 이 지경으로 파괴시켰다는 것을 분명히 알게 되었다. 몇 시간이 흘렀는지 모른다. 그러나 결국 내 입에서 '용서합니다!'라는 선포가 터져 나왔다.

"용서합니다. 용서합니다. 하나님! 그들을 용서합니다…."

그리고 그 순간 나는 완전히 탈진되어 쓰러지게 되었다. 그때였다. 나는 내 방안에 안개같이 비추는 빛을 보았다. 사람의 형체는 아니지만 내가 쓰러져 있는 방안에 주님이 오셨다는 것을 알 수 있었다.

그리고 그날 이후 나는 공황발작에서 완전히 벗어나게 되었다.

10년 동안 공황장애로 인해 내 피부가 나무껍질처럼 변하고 정상적인 삶을 살지 못했을 때 모든 사람은 나를 떠났다. 명의들도 남편도 나를 도울 수 없었다. 나도 나를 포기했었다. 하지만 오직 한 분, 주님은 나를 포기하지 않고 천사들을 붙여 주셨다. 내게 우연처럼 '내적치유'라는 말을 듣게 하셨고 그 강의들을 사모하게 하셨다. 서서히 나를 일으켜서 결국 내 원한의 밑바닥을 보여주셨고 나를 묶고 있는 악을 보게 하셨다. 그리고 내 입에서 용서의 선포가 나올 때까지 몇 시간이고 나를 격려하며 포기하지 않으신 하나님을 보았다. 내가 용서하겠다고 했을 때 내게 일어난 그 강력한 힘, 그것은 뱀의 머리를 치신 예수님이셨다. 내가 경험한 그 엄청난 성령 하나님의 힘은 어떤 언어로도 표현할 수 없다.

성서적 내적치유 아카데미가 준 세 가지 보물

우리나라 가장 최고의 의사도 고치지 못한다는 가장 악질적 공황장애는 어느 순간 갑자기 기적적 방법으로 사라진 것이 아니었다. 마치 적을 알아야 승리할 수 있듯이 내게 공황장애가 만들어진 이유를 직면하게 하시며 깨닫게 하셨다. 그리고 내게 이 일들을 해결할 힘을 주셨다. 용서의 씨름을 한 사건 이후 나는 갓난아이가 젖을 먹으며 쑥쑥 자라듯이 그 다음 아카데미 강의를 통해 하나님이 내게 주신 보물을 먹으며 정말 쑥쑥 자라기 시작했다.

아카데미 강의를 통해 나를 자라게 한 가장 귀한 세 가지 보물이 있다.

첫째는, 묻는 것이다. 보혜사 성령님에게 순간순간 모든 것을 물으면서 말씀드릴 수 있다는 것을 나는 알게 되었다. 슬프면 슬프다고, 외로우면 외롭다고, 힘들면 힘들다고, 아프면 아프다고, 화나면 화가 난다고, 내 감정을 포장하지 않고 미루지 않고 그 상황을 그 즉시! 있는 그대로! 주님께 보여 드리고 묻는 것이다.

둘째는, 내 안에 계신 성령님을 의심치 않고 참 신뢰하는 것이다. 감정이 따르건 따르지 않건 상관없이 성령님이 함께 하심을 신뢰하는 것이다.

셋째는, 지체들과의 솔직하고 진정한 나눔이다. 이것을 통해 나는 내 두려움과 혼란을 계속 드러내고 도움을 받을 수 있었다. 그리고 이것은 곧 예수님의 십자가 사랑을 내 안에 길러 주었다. 그 힘이 내게 시댁 식구들과 사람들을 용서하고 사랑할 수 있게 한 것이다. 나는 수영선수 때 훈련이라는 말이 가장 싫었다. 하지만 주님을 알아가는 훈련은 너무 행복하다. 왜냐하면, 주님의 성품을 닮아가는 훈련이기 때문이다. 성서적 내적치유의 모든 강의 중에서 가장 강조되는 것은 '약속'이란 단어였다. 예수님의 약속이 있기에 훈련도 행복하다. 말씀으로 내 앞에 오신 하나님, 말씀 안에 들어있는 '언약'의 중요성을 알게 해 주셨다.

내게 온 기적, 새 생명

처음 교회 안에서 내적치유 공부를 시작한 이후 거의 1년 만에 공황발작이 사라졌고, 몸이 건강해지면서 또 다른 기적이 생겼다. 첫 아이를 키울 수 없어 끔찍한 생각까지 했던 내가, 두 번째 아이를 출산하게 된 것이다. 이것은 정말 기대할 수도 없고 상상할 수도 없는 하나님의 선물이었다.

첫 아이는 엄마의 끔찍한 모습을 뱃속에서부터 보고 자랐다. 어릴 때 나의 모든 것을 다 보았다. 첫 아이를 위해서도 많이 기도했고 어떤 순간의 끔찍한 일들에 대해서는 아이가 이해하는 만큼 용서를 빌고 같이 기도했다. 그 결과 아이도 이제는 모든 충격과 기억들에서 벗어나 아주 밝고 건강하게 자라고 있다.

그리고 10년 동안 나를 지켜준 남편이 완전히 새로운 길을 걷고 있다. 나는 지금부터 시작이다. 주님께 갈 때까지 진리를 계속 배워가야 하며 사람들을 사랑하는 훈련을 계속해 나갈 것이다.

송00 남편의 간증

어머니는 남묘호렌게쿄교 간부

　어릴 때부터 어머니는 내가 '남묘호렌게쿄교'를 부르지 않으면 밥을 주지 않았다. 어머니는 그 종교의 높은 간부였다. 어릴 때부터 이런 종교 훈련을 받은 내가 초등학교와 중학교를 모두 기독교 정신으로 세워진 곳을 다니다 보니 많은 혼란이 있었다 (이것도 참 이상한 일이기는 했다.). 그러면서 아예 종교 자체를 모두 거부하게 되었다.

　나는 결혼을 전제로 몇 사람을 만났으나 그때마다 어머니의 반대가 심해서 결국 결혼을 포기했었다. 누가 이런 시어머니와 시누이들 밑에서 살 수 있을 것인가! 그런데 아내를 만나 둘 다 수영선수로서의 공통점이 있어서인지 서로가 이해되고 정말 사랑하게 되었다. 나이는 나보다 훨씬 어렸지만, 성격이 활발한 아내라면 우리 집에서 잘 이겨낼 수 있을 것 같았다.

　하지만 나는 정말 바보였다. 결혼 후에 어머니가 수시로 아내를 불러 누나들과 함께 심한 스트레스를 주었지만, 아내가 내색하지 않았기에 나는 이런 사실을 모르고 있었다. 그리고 이런 사실을 알았을 때는 이미 아내에게 공황장애가 시작된 후였다. 한번 무너지고 나자 아내의 공황발작은 하루가 다르게 심해졌다.

　나는 건강하고 활달했던 아내가 이렇게 변해버린 것이 모두 내 책임이라는 사실을 알았기에 끝까지 아내를 고치고 지켜 주리라 생각하며 아내의 치료에 최선을 다했다. 하지만 우리나라 곳곳의 한방 양방 병원을 다 돌아다니고, 우리나라 최고의 병원, 최고의 의사에게 진료를 받고 최신의 호르몬 요법까지 시행했지만, 아내는 조금의 차도도 보이지 않고 더욱 심해져 갔다. 그리고 결국은 우리나라 최고의 실력자라는 의사로부터 더는 치료할 수 없다는 포기 선고까지 받게 되었다.

아내는 의사의 선고 이후 집에서 약과 술로만 살았다. 그리고 공황발작의 빈도는 점점 더 늘고 상태도 더 심해져 위험한 순간들이 계속되었다. 공황장애가 닥치기 시작하면 아내가 느끼는 그 절박함과 공포는 말로 형용할 수가 없다. 어느 때는 아내가 숨이 멎을 듯 전화를 해서 집까지 달려갔는데 집에 가서 내 모습을 보니 수영모와 수영 팬티를 그대로 입은 채였다.

그러던 어느 날이었다. 퇴근 후에 집에 들어가 보니 불이 꺼져 있었다. 순간 불길한 예감에 급히 집 문을 열고 들어서자 바닥이 끈적거렸다. 서둘러 불을 켰을 때 그 충격적인 장면을 나는 잊을 수가 없다. 아내는 공황발작이 심했는지 그것을 이겨보려고 손목에 자해해서 피를 흘린 채 쓰러져 있었고 5살 어린 딸이 엄마 옆에서 울지도 않고 혼자 놀고 있는 것이었다. 피가 낭자한 불 꺼진 그 어두운 방에서…….

나는 그때 하늘을 향해 울부짖으며 말했다.

"하나님! 하나님! 더 이상은 안 돼요. 더 이상은……. 살려주세요! 하나님이 살려 주시면 하나님을 위해 살겠습니다."

그런데 어느 날 아내가 교회를 갔다고 했다. 어떻게 갈 수 있었는지 모르지만 그래도 교회까지 갔다는 게 놀라웠다. 교회를 다니며 아내가 조금 편해 보이는 것 같긴 했지만, 여전히 공황발작을 겪고 있었다. 그런데 어느 날 아내가 교회 안에서 내적치유 공부를 한다고 했고, 그 후에 세미나에 대해 말했다. 하지만 아무 기대도 없었다. 우리나라 최고의 의사들을 다 보고 별 치료법을 다 해보았는데도 전혀 소용이 없었는데 무슨 공부를 한다고 치료가 될 것인가! 이미 뇌에 이상을 가지고 있어서 머리에 깁스하고 살아야 한다는 사람에게 무슨 도움이 될 것인가!

그런데 놀라운 일이었다. 아내의 공황발작이 점점 줄어들고 사람이 변하는 것이었다. 그리고 거의 1년이 지난 후에 정말 아내의 공황발작이 멈추고 더 이상 재발하지 않은 것을 지켜보다 2년 후에는 나도 세미나에 참여하게 되었다. 어떻게 아내가 치료될 수 있었는지 신기하기도 하고 세미나 내용이 궁금해서 참여한 세미나였는데 세미나에 와서 나는 전혀 뜻밖의 문제에 대해 직면하게 되었다.

그것은 나 자신의 내면의 실체를 보게 된 것이었다. 어느 사람과도 말해본 적이 없고, 나 자신도 문제라고 생각해본 적도 없이 평생을 가진, 나만의 사람 대하는 특별한 방식이 세미나

동안 자꾸 걸리는 것이었다. 그 방식은 이런 것이었다. 나는 어떤 사람이 내 마음을 거슬리게 하면 겉으로는 아무렇지도 않은 척하고 미소를 띠지만, 마음속으로는 그 사람을 증오하고 철저히 죽이고 괴롭히고 찢어버린다. 그런데 나이가 들수록 이렇게 마음속에서 철저히 사람을 죽여 버리는 일들이 점점 더 많아지고 점점 더 심해졌다.

하지만 겉으로는 전혀 화를 내지 않는다. 사람들은 내가 겉으로 화를 내는 일이 없기에 사람이 좋다고 칭찬하지만 나를 가까이 아는 친구들은 내가 무섭다고 한다. 내 안에서 어떤 일이 벌어지는지 어슴푸레 그들에게 비춰졌기 때문일 것이다.

그런데 세미나에서 강의를 듣는데 전혀 생각지 않게 이 문제에 대해 계속 생각이 들면서 내가 겉은 멀쩡하지만, 마음은 용서할 줄 모르고 사랑하지 못하는 무서운 괴물로 변해있다는 생각이 들었다. 이 괴물이 엄청나게 커져서 나를 칭칭 묶고 있다고 여겨졌다. 처음으로 나는 이것에서 풀려나게 해달라고 기도하기 시작했다. 기도하면서 이 습관이 어릴 때부터 내 안에 주입된 어머니의 삶의 방식이었음을 알게 되었다. 싫은 사람을 마음에서 죽이는…….

"어머니, 왜 나를 이렇게 괴물같이 만들었어요?"

나는 어머니를 위해, 나를 위해 간절히 기도했다. 내 아내가 말한 것처럼 내 마음 안에도 악이 나를 붙잡고 있었다는 것을 알

앉다. 정말 씨름하듯이 하나님께 풀어달라고 기도하며 어머니를 용서하겠다고 선포하고 난 그 순간 내가 태어나서 처음 느껴본 엄청난 해방감을 느꼈다.

바윗덩이가 들어있는 것처럼 무겁고 어두운 마음속에 마치 박하사탕이 들어온 것처럼 청명하고 환해진 것 같았다. 내가 금메달을 땄을 때도 이런 기쁨은 아니었다. 하나님은 정말 살아계셨다. 불 꺼진 집에 피가 흥건한 채로 쓰러진 아내와 그 곁에서 울지도 않고 놀고 있던 우리 아이를 보면서 하나님에게 절규했던 그 기도를 하나님은 들어주셨고 나도 치료해주셨다.

아내만 바뀐 것이 아니라 내게도 수많은 변화가 있었다. 이제는 화가 날 때 그 사람들을 내 마음속에서 난도질하며 죽이는 그런 습관을 완전히 버렸다. 이제는 어떤 상황에서도 그 상황들을 충분히 이길 힘이 생겼기 때문이다.

지금 나는 아내가 공황발작에서 벗어나 예전의 건강했던 모습을 찾아가면서 하나님께 약속한 대로 수영 코치직을 그만두고 하나님의 사역자가 되기 위해 훈련 중이다. 첫 아이도 제대로 키우지 못할 것 같아 끔찍한 생각까지 했던 아내가 건강을 되찾아 피부도 다시 회복되고, 살도 찌고, 건강한 수영선수 시절처럼 다시 아름다워졌다. 그리고 기적은 계속 일어났다. 새로운 생명이 태어난 것이다.

또한, 엄마의 모든 고통을 뱃속에서부터 겪은 우리 첫째 아이도 이제는 정말 명랑하고 씩씩해졌다. 이제 집에 들어가면 웃음꽃이 활짝 핀 두 딸과 아내가 나를 기다린다. 상상할 수 없고 기대도 못 해본 일이다. 공포의 악마에 잡힌 어두운 우리 집에 하나님의 빛이 비친 것이다.

정신건강 해설 5

공황장애(Panic Disorder)와 내적치유 1

공황장애란 무엇인가?

공황장애란 공황발작이라는 정신 신체 증상이 예기치 못하게 반복적으로 나타나는 것을 특징으로 하는 불안장애의 일종이다. 공황발작은 불안 발작으로 10분에서 20분 정도 지속하다가 빠르게 혹은 서서히 사라진다. 발작은 다만 심리적 공포에만 그치는 것이 아니라 실제로 혈압이 상승하고 심장이 빨리 뛰며, 호흡이 빨라지고, 가슴이 답답해지는 등의 신체 증상이 동반되기 때문에 환자는 곧 죽을 것 같은 공포에 휩싸이게 된다.

내적치유세미나에는 공황장애로 수년 동안 고통받아온 사람들이 많이 참석하고 있는데 갈수록 공황장애의 고통을 가진 사람들의 숫자가 늘어나고 있다. 공황장애를 겪는 사람들이 당하는 정신적, 신체적인 고통은 너무 커서 그들은 말하기를 암보다 더 무섭다고 표현한다. 암은 마음먹기에 따라 쉴 수도 있으나 공황장애는 언제 찾아올지 모르는 공황발작에 대한 공포로 인해 잠시도 편히 쉴 수 없는 긴장의 연속이며, 공황발작이 일어났을 때도 그에 대한 특별한 치료가 없기 때문이라는 것이다. 공황발작은 우울증 환자나 약물 금단 현상을 겪고 있는 사람들도 경험할 수 있다.[23]

공황장애는 신체 질병을 동반하여 나타나는 공황장애와 스트레스 등의 심리적 원인에 의한 공황장애가 있다. 또한, 나이에 따른 신체적인 요인도 있는데 갱년기 여성에게서 호르몬이 변화되면서 우울증과 공황발작을 호소하는 경우가 있다. 갑상선 기능항진 혹은 간질 장애나 약물중독, 부정맥 등도 공황발작을 동반하기도 한다.

사례자의 경우처럼 공황발작이 약물치료나 인지 요법 등으로 치료되지 않고 장기화될 때 환자들의 절망감과 고통은 이루 표현할 수 없다. 그러나 이런 공황장애도 하나님 안에 분명한 해답이 있다. 그동안 많은 공황장애 환자들이 내적치유세미나에서 공황장애가 치유되었다고 간증하고 있다. 그중에서도 이곳에 실린 송OO는 공황장애 환자 중에서도 그 정도가 가장 심한 사례였다. 최신 의학으로도 치료를 완전히 포기했던 환자였으나 지

---

23 최정윤 외, 전게서, p.147.

금은 그녀의 몸이 온전히 회복되어 수영코치로, 두 아이의 엄마로, 하나님의 복음을 전하는 사역자로 열심히 살고 있다.

생각해 보고 함께 나눠 봅시다.
1. 공황장애와 공황발작이 무엇인지 나눠 봅시다.
2. 송00가 어떻게 공황장애에서 치료될 수 있었는지 그 과정을 나눠 봅시다.

| 사례 7편 |

일생을 공포에 갇힌 공황장애 환자와 하나님
평생을 공포 속에 살며 나는 지쳤습니다.

40년 우울증과 공황장애
고등학교 3학년 아이가 있지만….

저는 엄마다운 엄마 노릇 한 번 제대로 해본 적이 없어요. 제 마음의 병 때문이죠. 평생을 우울증과 죽음에 대한 공포로 정신병원을 드나들며 매일 자살 충동 속에 살았어요. 우울증이 너무 심해서 눈만 뜨면 하루 살 일이 얼마나 막막한지요. 마음을 바꾸려고 별짓을 다 해 보아도 안 돼요.

어릴 때 부모님이 돌아가시고 저는 오빠 집에 살면서 올케에게 서러움을 많이 받았기에 사랑하는 사람이 생겨 결혼만 하면 다 좋아지리라 생각했지요. 그런데 결혼한 후 제 증세는 더욱 심해져서 어느 때는 안테나가 쓰러지거나 전봇대가 저에게 쓰러지는 것 같이 느껴지고, 차를 타고 가면 차 앞으로 뛰어드는 여자가 보이고, 환청에 시달리고……. 매일매일 죽음의 공포에 살다보니 우울증이 더욱 심해졌지만 이런 저를 버리지 않고 남편과 시댁 식구들은 극진히 사랑해 주고 친부모보다 더 잘해줬어요.

한 번은 시댁 식구들이 모두 앉아 무려 닷새 동안이나 제 이야기를 들어주고, 같이 울어주신 적도 있었지만 아무 소용이 없었어요. 이렇듯 힘들다 보니 서로 피곤해서 사람 노릇 못하는 제가 빨리 죽는 길이 모두에게 도움이 될 거라는 생각밖에 없었습니다. 그러나 자살하면 지옥 간다는 말 때문에 자살 충동을 가까스로 참았는데 갈수록 고통이 너무 심해지니 탈진해서 이제는 지옥도 무섭지 않게 돼 버리더라고요. 그래서 제가 고등학교 3학년이 된 딸에게 말했어요.

"엄마가 너무 너무 괴로워서 죽어야겠다."

그랬더니 아이가 하는 말이 엄마 보고 싶으면 어떻게 하냐면서 울더군요. 그 말에 너무 가슴이 미어져서 식구들 간청에 따라 이곳에 왔어요.

저는 정말 이곳이 마지막이라는 마음이었지요. 그런데 어제 예수님 강의를 듣고 기도하는 시간에 갑자기 제 눈앞에 어떤 어린애가 울면서 둑길을 걸어가고 있는 게 보였어요. 어린애가 모든 짐을 다 짊어지고 있더라고요. 이 장면이 뭐지? 하고 생각하는데 이내 마음에 하나씩 하나씩 정리가 됐는데 그건 바로 하나님이 제 모습, 제 삶을 정확하게 짚어서 보여주신 것이었어요.

내가 3살 때 엄마가 타살되었다고 들었어요. 지금도 기억이 나는 것은 마루에 있는 엄마 사진이에요. 엄마가 돌아가셔서 마루에 상청을 차렸는데 너무 무서워서 그쪽에 가지도 못했던 기억이 나요. 그 후에도 마루에 있는 엄마 사진이 떠오를 때마다 온몸이 쭈뼛하게 시며 너무 무서웠어요. 그런데 엄마가 그렇게 갑작스레 돌아가신 후 할머니, 아버지 그리고 새엄마까지 거의 2년 터울로 계속 집안에 초상이 났어요. 그때 내가 완전히 죽음의 공포에 갇혀버렸다는 것을 알았어요. 어릴 때 생각들이 계속 나더라고요.

엄마 사진이 놓인 상청에서 귀신이 나와서 나를 끌어당기는 것 같고, 냉장고를 열려고 하면 그 안에도 귀신이 있을 것 같고, 꿈에 엄마가 나타나 자꾸 오라고 하고, 귀신이 나를 죽이려 드는 공포에 시달리다가 실제로 어느 순간부터는 수시로 귀신이 보였어요. 그러면서 내가 자폐 증세를 보였던 것 같아요. 결혼한 오빠 집에 살면서 올케에게 설움도 많이 받고 살았는데 결혼하고 난 이후부터 이상한 증세가 더 많이 나타났어요. 길에 가면 전봇대가 내게 쓰러질 것 같고 안테나가 쓰러지는 것 같고 환청이 들리고 길을 걷다 보면 차에 뛰어드는 귀신이 보였어요.

이런 문제를 해결하기 위해 어린 시절부터 교회를 다녔기에 새벽기도와 금식기도, 철야 은사집회 등등 안 다녀 본 곳이 없고 기도도 많이 받았는데 불안한 마음이 없어지질 않더라고요. 도대체 내가 왜 이러는지 그거라도 알고 싶었어요.

그런데 어제 기도시간에 갑자기 둑길을 걸어가는 아이의 모습이 떠오르면서 '아! 이 모든 것이 3살짜리 아이가 어떻게 세상을 살아가야 할지 몰라서 너무 무서워하다 보니 이렇게 돼버렸구나!'하는 생각이 들었어요. 엄마가 보고 싶어도 엄마가 없으니 내가 이렇게 됐던 거였어요. 지금 내 나이는 중년에 접어들었어도 내 마음에는 여전히 3살짜리 엄마 잃은 어린애가 그대로 있더라고요.

그리고 둑길을 걸어가던 그 애가 계속해서 '엄마, 가지마!' 하고 울고 있었어요. 하지만 어른들은 모두 다른 일 하느라고 아무도 애 옆에 와주지 않고 돌봐주지 않으니까 애가 무서워서 단단하고 허물어지지 않는 벽을 만들어 그 속에 숨어 있더라고요.

'아! 내가 이렇게 모든 사람에게 벽을 가지고 있었구나!'

처음 알게 됐어요. 마음에 떠오르는 장면들을 보며 '아! 내가 그랬구나, 내가 그랬구나!' 하는데 애를 둘러싼 그 벽이 갑자기 무너지는 거예요. 그러면서 처음으로 숨이 쉬어지고 마음이 편해졌어요. 마치 평생 공기가 안 통하는 방에 있다가 처음 밖으로 나온 것 같이 숨이 쉬어지고 밤에 잠도 잘 잤어요. 그런데 다음 날 몸이 좀 피곤하니까 또다시 공황발작의 징조가 보이는 거예요. 그러자 다시 놀래고 절망이 되면서 '어떡하지 이것은 안 해주시나?' 하는데 그 순간 어제 강의 들었던 것이 생각이 났어요.

예수님이 나와 똑같은 사람이 되셨다는 강사님의 말과 함께 십자가에 매달린 예수님이 떠올랐어요. 그리고 '아! 예수님도 무서우셨구나! 죽는 것이 너무 무서우셨구나!' 하는 생각이 들었어요. 나는 어릴 때부터 교회를 다녔고 기도원도 수없이 갔지만, 예수님이 나하고 똑같은 사람이었다는 생각은 해본 적이 없었어요. 그런데 처음으로 예수님이 사람이라 생각하니까 예수님 마음이 보이는 거예요. 너무도 무서워하는 마음이요.

그런데 웬일일까요! 나 혼자만 공포와 싸우는 것이 아니라 예수님도 공포와 싸우고 있다고 하는 생각이 들면서 이 세상에 나 혼자가 아니고 친구가 생긴 것 같았어요. 그리고 든든한 벽이 내 앞에 세워진 것 같은 기분이 들었어요. 그런데 나를 향해 오기 시작하는 공포의 바람 같은 것이 몰려오다가 갑자기 그 벽 앞에 딱 멈추고 더 이상 못 넘어오는 거예요.

신기했어요. 멈춘 거여요. 공황발작 전구 증상이 나타나면 반드시 공황발작이 일어나는데 이번에 처음으로 전구증상이 오다가 멈췄어요. 이런 일은 처음이예요. 뭔가 자신이 생겨요. 내가 기댈 벽이 생긴 것 같아요. 예수님이라는 벽이 있어 공황발작이 그 벽을 넘지 못했어요. 이제는 이길 수 있을 것 같아요. 3살짜리 고아가 엄마 만나고 보호자를 만난 것 같이 든든하고 사람들이 뭐래도 이젠 상관없다는 자신감도 생기고…….

그동안 내가 우리 식구들에게도 누구에게도 마음을 닫고 살았다고 하는 것도 알게 되었어요. 엄마 죽은 이후 처음으로 편한 마음을 가져봤어요.

정신건강 해설 6

공황장애(Panic Disorder)와 내적치유 2

공황장애는 왜 생길까?

1) 스트레스 대처에 취약한 반응과 장기간 노출

스트레스 상황은 누구에게나 발생하지만 중요한 것은 스트레스를 대응하는 방법과 그 노출기간이다. 같은 스트레스 상황을 경험할지라도 그에 대한 수용력에 따라 병이 되기도 하고 약이 되기도 한다. 스트레스 수용력은 성격과 연관이 깊은데 이것은 어린 시절의 경험과도 관련이 커서 공황장애의 원인으로 어린 시절 부모의 사별이나 이별, 소아기 불안 등이 원인이 된다는 정신분석적 이론이 지지를 받고 있다.[24]

또한, 스트레스에 얼마나 노출되었는지, 즉 노출 기간이 중요

---

24 박영남, 전게서, p.223.

하다. 세미나에 참여했던 공황장애 환자들의 사례에서 공통적으로 나타나는 점은 스트레스에 장기간 노출이었다. 스트레스에 노출되는 기간은 스트레스의 강도보다 더 중요한 요인이 되는데 그 이유는 다음과 같다.

　사람은 강한 스트레스가 오면 온몸이 전시사태로 돌입해서 그 스트레스를 이겨낸다. 순간적으로 긴장했지만 그 상황이 사라지면 다시 이완상태로 돌아오는 것이다. 그러나 모든 힘을 다 기울이지 않아도 될 정도의 스트레스 상황이 장기화되면 이완상태로 완전히 돌아가지 않은 채 긴장상태가 지속된다. 이럴 때 신경계와 순환계 그리고 뇌의 신경 전달 물질의 변화들이 서서히 진행되어 결국 어느 순간, 자율신경계의 균형이 와르르 무너져 버리면서 공황발작을 경험하게 된다. 그리고 한 번 공황발작을 경험하고 난 뒤에는 그 경험에 대한 기억으로 인해 부정적 강화가 일어나서 더 쉽게 공황발작 상태가 유발되는 것이다. 그래서 환자들은 자신이 그동안 스트레스를 계속 견디고 있었다는 것 조차 인지하지 못했기 때문에 자신들이 왜 갑자기 이런 상태가 되는지 의아해 한다.

　35세 남자인 박 씨도 마찬가지였다. 그는 서울에서 부산으로 출장을 가는 중이었다. 그런데 갑자기 숨이 답답해지면서 어지러워 운전할 수가 없었다. 이런 일을 겪은 지 이틀 후에 퇴근하고 오는 중 또다시 가슴이 심하게 두근거리며 전신에 힘이 빠지고 손발에 힘이 빠져서 길가에 주저앉아 버렸다. 그리고 극심한 불안과 공포가 엄습해왔다. 박 씨는 심장에 이상이 있다고 여겨져 검사를 받았지만, 심장에는 이상이 없고 진단명은 공황장애였다. 그러나 박 씨는 건강했던 자신이 왜 갑자기 이런 상태가 되었는지 이해할 수 없다고 했다. 자신이 스트레스로 인해 계속해서 긴장상태에 있었다는 인식도 없었던 것이다.

2) 근본 원인은 소망의 상실이다.

필자는 공황장애를 겪고 있는 수많은 사람들을 만나보면서 공황장애나 우울증 장애 환자들이 가진 공통점이 소망의 상실과 연결된다는 생각을 하게 되었다. 스트레스 상황에서 도망갈 수도 없고 또한 스트레스를 일으키는 문제가 장기화되지만 내 힘으로 해결할 수 없다고 판단될 때 소망이 사라지면서 무력감과 절망감에 빠지게 되는데 이것이 공황장애 환자들의 삶 속에 공통적으로 나타나는 모습이었다.

송00도 시어머니와 시누이들로 인한 고통을 해결할 수 있는 길은 이혼밖에 없다는 절망감이 그를 극도의 스트레스를 겪게 했고, 그로 인해 몸이 점점 약해지다가 결국 무너져 버린 것이다. 무너진 뒤에는 그 스트레스 상황에서 벗어날지라도 회복이 쉽게 되지 않는다. 이러한 사례들은 너무도 많다. 홀시어머니를 모시고 살면서 무서운 시집살이를 하던 사람이 병이 들자 남편이 어쩔 수 없이 정신과 의사의 권고를 받아들여 분가했다. 하지만 분가한 뒤에도 며느리의 불안장애는 좋아지지 않았다. 회복이 쉽게 되지 않은 것이다.

　TV에 공황장애로 고통당하고 있는 한 여자의 삶이 방영되었는데 그녀는 온몸에 뼈가 드러날 정도로 모습이 비참했고 공포와 불안 때문에 하루에 밥 두 숟갈을 겨우 넘기고 침대에 누워 지낼 뿐이었다. 하지만 그 여자의 과거 사진은 같은 사람이라고는 믿기 어려울 정도로 빼어난 미모였고 성격도 활달했다고 한다.

　그런데 그녀는 왜 이렇게 되었을까! 그녀는 어머니와 둘이 서로 의지하며 오순도순 살다가 결혼하게 되었는데 자상하게 보였던 남편은 결혼 후 다른 사람처럼 변했다. 남편은 외도와 폭력을 일삼았고, 급기야는 모든 재산을 가지고 잠적해버린 바람에 그녀와 어머니는 살고 있는 아파트마저 나가야 하는 상황이 되었다. 결국, 갈 데가 없어진 어머니는 보호시설이 아니라 자기 딸 옆에서 생을 마감하고 싶어서 자살하게 되었다. 남편과의 끔찍한 결혼관계 그리고 어머니의 죽음은 환자에게 엄청난 죄책감에 시달리게 했고, 그 죄책감은 그녀로 하여금 지금과 같은 공황장애에 이르게 한 것이다.

　상대방이 나를 힘들게 하지만 내 힘으로는 그 상대방을 변화시킬 수 없고 그 상황에서 벗어날 희망이 없다고 판단될 때 깊은 무력감과 함께 분노가 일어나며, 이것은 지속적인 스트레스 상태가 되어 몸을 약하게 만든다.

하나님과 관계의 삶은 믿음, 소망, 사랑이 증진되는 삶이다. 이것은 사람을 살게 하는 생명력이다. 그런데 이 세 가지가 삶에서 사라지고 불신과 절망과 분노가 만들어 질 때 사람의 생명력은 꺼져가고 온갖 심리적 질병이 생긴다. 사람보다 돈에 대한 신뢰, 하나님의 약속을 믿음으로 생기는 소망 대신에 내가 만든 계획에서 생긴 기대, 아가페의 사랑이 아니라 자기중심의 에로스적인 사랑으로 세상은 변화되면서 사람들의 마음은 무섭게 변화되어가고 있으며 이에 따른 온갖 이상 증세들이 나타나고 있다. 의·과학이 눈부시게 발달했지만 피 한 방울을 만들 수 없듯이 인간의 마음의 병 또한 인간의 힘만으로는 고칠 수 없다.

인간이 어머니의 뱃속에서 탯줄을 통해 엄마의 생명을 이어받아 크듯이 사람의 마음도 사람간의 탯줄을 통해 사랑이 전해지고 친절이 전해지는 관계의 영양분이 필요하다. 아무리 똑똑해도 관계의 탯줄이 잘라진 채 혼자 고립된 사람은 그 마음이 병들어간다.

하지만 서로를 믿을 수 없고 서로가 병들어 가는데 서로에게 용기를 주는 관계의 탯줄이 어떻게 만들어 질 수 있을 것인가?

우리는 그 해결의 길을 사례자들의 경험 속에서 찾아볼 수 있다. 공황장애를 앓았던 그들은 어떻게 회복되었나? 그들은 어떻게 그 불안과 공포에서 벗어날 수 있었나?

사례자들의 모든 이야기 속에 나타난 대로 그 회복의 첫 단추는 하나님에 대한 바른 기대를 가지고 하나님을 찾는 간절함과 정직함이다. 인간에게 예수 그리스도를 통해 자신을 드러내신 하나님은 우리의 모든 문제를 방관하지 않고 개입하신다. 우주에서 우리를 내려다보시는 하나님이 아니라 우리와 함께 계시며 우리의 문제를 적극적으로 해결해주시는 하나님을 기대하고 찾았을 때 그 순간부터 그들은 혼자 고립된 미아가 아니라 살아계신 하나님에게 연결된 사람들이 되었고 하나님으로부터 전해지는 생명의 힘을 받게 된다. 그 힘이 이들을 한걸음, 한걸음씩 일으켜 세워 결국 치유의 자리까지 오게 한 것이다. 하나님과 관계가 이어질 때 사람들과 끊어진 관계의 탯줄들도 형성될 수 있다. 고립의 병에서 벗어나게 되는 것이다.

생각해 보고 함께 나눠 봅시다.
1. 최00가 공황장애에 빠지게 된 이유를 나눠 봅시다.
2. 스트레스와 공황장애의 연관성을 나눠 봅시다.
3. 소망과 공황장애의 연관성을 나눠 봅시다.

5부

열등감과 내적치유

사례 8편. 정신과 의사와 하나님

| 사례 8편 |

정신과 의사와 하나님
분석할 수 있으나 치유는 어려웠다.

**나는 심리적 문제, 정신적 질병을
치료하는 의사였지만…….**

나는 정신과 의사이다. 신앙생활을 한 지도 오래되었고, 교회에서는 장로로 섬기고 있으며 여러 곳에서 정신건강에 대해 강의를 하고 있다. 대학 때 체계적 성경공부를 통해 하나님을 인격적으로 만났고 수많은 성령의 체험도 했으며, 매일 경건의 시간을 빼먹지 않을 만큼 신앙생활을 마음을 다해 꾸준히 하고 있었다.

그런데도 나를 관찰해보면 해결되지 않는 몇 가지 성격적 문제가 있었다. 예를 들면 사람들의 말에 대해 지나치게 예민한 반응을 보이는 것이다. 겉으로는 초연한 것처럼 행동하고 나 자신도 정말 그렇게 되고 싶었지만 잘 되지 않았다. 혹 어떤 사람이 지나가는 말이라도 나에 대해 부정적 평가를 하면 견디지 못하고 며칠씩 그 말이 뇌리에서 떠나지를 않아 괴로워했다. 그러다 보니 나의 삶은 신앙이 있음에도 정신적으로 다분히 피곤함이 많았다.

또 하나의 문제는 누구든지 내 뜻이나 기준과 다를 때 잘 용납하지 못하는 것이었다. 그러다 보니 가족들에게 부적절하게 화를 내기도 하고 아이들의 마음에 깊이 상처를 주는 말들을 내뱉기도 했다. 이렇게 가족들, 특히 부모나 자녀들에 대해서 의도한 것과 다르게 퉁명스런 행동을 하고 나면 마음이 아프고 후회되어 기도도 해보고 정신과 의사로서 자신의 핵심 감정 등을 분석하며 극복해 보려고 노력했지만, 막상 상황이 벌어지면 똑같은 행동을 반복하는 자신의 모습을 보며 좌절할 때가 많았다.

그러던 중 '성서적 내적치유세미나'에 대한 소식을 듣고 아내와 같이 참석하게 되었다. 하지만 이런 문제들을 심각하게 생각하거나 치료가 필요하다고까지는 생각하지 않았기에 치유를 받기 위해 참석한 것이 아니라 다만 크리스천 정신과 의사로서 기독교의 '내적치유'의 영역에 대해 내가 알아야 할 것이 있지 않을까 싶었던 것이다.

하지만 집회에 참석하면서 나의 자세부터 바꾸어야 함을 깨달았다. 왜냐하면 세상의 보편적 기준으로 보면 나는 별다른 문제가 없는 지극히 정상적이고 모범적인 사회인이며, 또한 정신의학의 전문가이지만 하나님 앞에서 보면 나 또한 치유가 필요한 사람이라는 것을 알게 되었기 때문이다.

그래서 처음에는 관찰자의 자세를 취하고 있다가, 병원에서 환자들이 내게 와서 자신에 대해 물어보는 절박한 마음을 생각하며, 나도 그런 겸손한 자세를 가져야 함을 느끼고 '신기한 상담자(사9:6)'이시며 치료자이신 하나님 앞에서 나에 대해 여쭈어 보아야겠다고 다짐했다. 그래서 아내와 같이 자리도 제일 앞자리에 앉아 주님이 나에게 주시길 원하시는 모든 은혜를 받고 싶었다.

강의가 진행되면서 나를 불편하게 하고 남을 불편하게 만들었던 나의 인격의 부분들은, 그저 연약한 인간이니까 하는 식으로 넘어갈 것이 아니라 분명히 개선되어야 할 문제임을 확인했다. 그리고 주님이 이것들을 고쳐주기 원하셔서 나를 이곳에 부르셨다는 생각이 들었다. 나의 마음을 형성한 쓴 뿌리들에 대해 알려 주시기를 기도하며 강의에 온 마음을 다해 집중했다. 그리고 정신분석이라는 정신의학적 방법을 통해 나 자신에 대해 가지고 있던 인식도 하나님 앞에서는 지극히 작고 불완전한 것에 지나지 않음을 받아들였다.

"하나님 제가 깨닫지 못하고 있는 저의 성격을 형성한 근본적인 이유를 가르쳐 주십시오."

나의 이런 기도에 대해서 주님은 정말 기뻐하신 것 같았다. 하나님은 너무나 분명하고 구체적으로 내게 응답해주셨기 때문이다.

내 안의 깊은 심연을 분석해 주신 하나님

먼저, 주님은 남들이 볼 때 꽤나 잘나 보이는 내 안에 깊은 열등감이 있음을 깨닫게 하시면서 이런 열등감이 생긴 원인을 하나씩 떠오르게 하셨다.

나는 시골에서 초등학교에 다니다가 도시의 일류 중학교에 들어오게 되었다. 그런데 시골에서는 거의 일등을 놓치지 않던 내가 중학교에 모인 잘하는 아이들 속에서는 일등은커녕 상위권에 속하기도 쉽지가 않았다. 한 번은 성적이 40등 정도 나와서 도저히 그 성적표를 부모님께 보여 드릴 수가 없어서 4자를 1자로 고친 적이 있었는데 까마득히 잊었던 그 장면이 떠오르면서 힘들어하는 나를 볼 수 있었다. 더는 공부 잘하고 똑똑한 아이가 아니라 집도 가난하고 도시 아이들과 비교하면 모든 것이 뒤

떨어지는 시골 촌놈에 불과했다.

또한, 나는 겁도 많고 몸이 많이 약했다. 싸움도 못 해서 친구에게 맞으면서도 아무 말도 못 하던 기억이 났다. 거기에다 얼굴에 대해서도 열등감을 가지고 있었다. 예민한 청소년기였기 때문이겠지만 내 얼굴을 볼 때마다 얼굴이 너무 길쭉하다는 생각이 들고, 이마는 너무 넓고 매부리코에, 덧니에······. 정말 봐 줄 것이 없다는 생각에 속이 상했다. 더구나 우리 부모님은, 교수나 의사인 친구들의 부모님처럼 유식하지도 자랑스럽지도 않은 분들이셨다. 초등학교밖에 나오지 못한 데다가 아버님은 참전용사로 몸이 장애인이셨다. 학교서 가족조사를 하는데 대부분 대졸이었던 친구 부모님의 학벌에 비해 초라한 부모님의 학벌이 창피하여 중졸로 쓰기도 했다. 이런 것들을 당당히 받아들이지 못한 자신의 모습이 내면에 열등감을 느끼게 한 원인이 된 것이다. 구체적으로 이런 장면들이 떠올랐지만, 그 다음은 어떻게 해야 할지 알 수가 없어 마음이 괴롭고 아팠다.

그런데 회상의 기도시간이었다. 주님은 내게 아버지의 모습을 보여 주셨다. 내게 형성된 아버지의 이미지는 불구의 몸으로 인해 자신과 세상에 대해 비관적이시고 모든 감정이 완전히 무뚝뚝하게 닫혀 있는 모습으로 나타났는데, 놀라운 사실은 내가 하나님 아버지도 이런 이미지로 내 안에 담고 있었다는 사실을 깨닫게 된 것이다. 사람들에게 나타나는 '전이감정(어린 시절 중요한 대상에게 느꼈던 감정을 현실 속에서 무의식적으로 다른 어떤 사람에게서 느끼는 것)'이 하나님께도 나타난 것이었다. 나는 지금까지 남보다 더 열심히 신앙생활을 해오면서 하나님이 얼마나 좋은 분이신지에 대해 가르치고 믿어 왔기 때문에 내 마음속에 하나님의 인상을 이렇게 담고 있으리라고는 전혀 예상하지 못했다.

하지만 회상의 기도시간에 나는 분명히 깨닫게 되었다. 내가 마음에 담고 있는 하나님의 실제 느낌은 무뚝뚝하고, 나에 대해 아무런 감정도 없고, 무언가 화를 내고 계시는 분이었다. 함부로 다가갈 수 없고 나에 대해 깊이 이해하려고 하시지도 않는 그런 분으로 깊이 각인되어 있음을 알았다. 그래서인지 신앙생활을 한참이나 하는 중에도 '아버지'로서 하나님을 부르기를 어색해했다.

분석에 그치지 않고 실제적인 치유가 일어났다.

모르고 있었을 때보다도 이렇게 선명하게 드러나고 보니 참으로 해결하지 않고는 견딜 수 없었다. 하지만 내적치유세미나 마지막 날이 되었는데도 완전히 해결되었다는 속 시원한 마음은 없고, 오히려 그동안 묻어두고 잊혔던 것들이 의식 밖으로 올라오니까 이 혼란을 어떻게 해야 할지 알 수가 없었다.

'결국은 성서적 내적치유라는 것도 정신분석처럼 깊은 무의식의 것을 끄집어낼 수는 있어도 해결은 자기가 해야 하는가?' 하는 씁쓸한 마음이 들었다.

그런데 나의 실망과 염려는 다음 강의시간에 말끔히 해결되었다. '예수님의 인성'에 관한 강의를 듣고 있는데 그 시간에 마음의 아픔 하나하나에 대해 마치 주님이 해결의 열쇠를 꽂아 주시는 것처럼 풀려나가는 것을 느끼게 되었다.

첫째, 주님이 마구간에서 출생할 수밖에 없었던 상황을 듣는데 예수님께서 내게 말씀하셨다.

"얘야. 내 육신의 아버지도 무능했다. 임신한 부인을 위해 방 하나 마련하지 못할 만큼이나……."

둘째, 고향에서 사람들이 예수님을 '요셉의 아들'이 아니라 '마리아의 아들'이라고 조롱하고 부르며 목수라고 배척한 상황들을 내 삶과 대비시켜 주시며 말씀하셨다.

"내가 자란 가정도 사람들의 눈으로 보기에는 그렇게 좋은 배경이 아니었다."

셋째, 나의 외모에 대한 눌림에 대해서 주님 자신도 그렇게 '흠모할 만한 아름다운 것이 없다(사53:2)'고 말씀하셨다.

넷째, 내가 남자로서 싸움도 잘하지 못하고 바보같이 맞고만 있었던 상처에 대해 주님께서도 당신 스스로 '연한 순(사53:2)'

과 같아서 어린아이가 꺾어도 꺾일 만큼 약하다는 점을 말씀해 주시며 누구의 공격과 멸시 앞에서도 당할 수밖에 없는 연약함이 있었음을 깨닫게 해주실 때, 나의 연약함을 체휼하시고 친히 담당하신 예수님의 모습이 나와 다를 게 없다는 생각이 들면서 갑자기 나의 모든 것들이 전혀 부끄럽지도 않고 별문제로 여겨지지 않는 엄청난 해방감을 느꼈다.

그리고 주님은 계속해서 나의 가장 고질적이고 중심적인 문제였던, 사람들에게 인정받으려고 끙끙대는 모습에 대해서 책망이 아니라 사랑으로 말씀하셨다.

"나도 욕을 먹고 조롱을 당했단다. 너는 그래도 많은 사람에게 칭찬을 받지 않느냐. 그리고 무엇보다 내가 너를 인정하고 사랑하지 않느냐"라고…….

나는 항상 생각하기를 '내가 인정받지 못한 것은 내가 부족하기 때문이다. 내가 완전하다면 사람들은 나를 인정할 것이다'라고 생각해 왔는데 주님은 아무 흠이 없는 분이셨음에도 불구하고 나보다 더 많은 배척과 멸시를 당하셨다는 것을 깨달으며 나를 지금까지 잡고 있던 잘못된 생각들에서도 풀려나게 하셨다.

놀라운 일이었다. 내가 지금껏 성경을 통해 수없이 읽고 들어 왔지만, 나와는 전혀 상관이 없어 보였던 예수님의 모든 삶이 내 삶과 데칼코마니처럼 겹쳤고 그렇게 한 가지씩 느껴질 때마다 마치 가슴의 못이 뽑히듯이 상처들이 뽑혀 나가는 것이 신기하기만 했다. 또한, 나와 똑같은 육신으로 이 땅에 오셔서 친히 나의 연약함을 담당하신 성자 하나님, 예수님을 통해 내 마음 깊은 곳에 각인되어 있던 딱딱하고 냉정한 하나님의 모습이 없어지고 나를 사랑하시는 친근하신 하나님이 비로소 느껴져 왔다. 그리고 더욱 놀라운 것은 이런 변화와 함께 아버지에 대한 감정까지 바뀌는 것이었다. 아버지가 떠올려지며 너무도 안타까운 연민의 마음이 흘러나왔다. 얼마나 내가 가지고 싶어 했던 마음이었던가!

아버지에 대한 거북한 감정이 올라올 때마다 이런 내가 싫어지고 기분마저 안 좋아져서 그토록 아버지에 대한 마음을 바꿔보려고 애를 써 봐도 겉으로만 될 뿐 마음은 따르지 못했는데 순식간에 둑이 무너지듯 아버지에 대한 냉랭한 감정이 무너져 내린 것이다. 이렇게 아버지에 대한 감정이 풀리면서 부모님에 대해서나 나에 대해서 어떤 것도 전혀 부끄럽지 않았다. 아! 이것이 주님이 주신다는 그 평안이구나 생각이 들었다.

**주님은 아버지와 관계를 회복하게 하시고
아버지를 데려가셨다.**

내가 세미나에 다녀오고 난 뒤에 6월 20일경 아버님께서 암으로 진단을 받고 두 달도 못 사시고 8월 6일 돌아가셨다. 그 과정에서 내가 평생 회복하기 어려울 것 같았던 아버지와의 관계가 참으로 깊은 사랑의 관계로 회복되었다. 내 기억 속의 아버지는 부끄럽고 무능력하고 걸핏하면 어머니를 윽박지르는 사람으로 새겨져서 평생 아버지를 생각하면 좋지 않은 기분이 들었는데 마치 딴 분을 대하는 것처럼 아버지가 국가의 유공자로, 그리고 아내와 자녀에 대한 애틋한 사랑과 책임감을 가지신 가장으로 느껴지고 저절로 아버지에 대한 존경의 마음이 생겼다.

만일 이런 관계회복이 되지 않고 원망과 거부감 속에서 아버님께서 돌아가셨다면 내가 죽는 날까지 얼마나 깊은 후회가 되었을까! 얼마나 무거운 짐을 지고 살았을 것인가!

이런 모든 과정을 내가 실제로 체험하면서 세속 심리학의 정신분석과 성령이 행하시는 내적심리치유의 차이를 분명하게 알게 되었다. 정신분석이 아무리 깊이 들어간다 할지라도 인간이 건드릴 수 없고 바꿀 수 있는 한계가 있는 것이다. 그런 깨달음으로 나는 크리스천 정신과 의사로서 정신의학(사람들의 최선, 일반 은총)과 신앙적 내적치유(하나님의 도우심, 특별 은총)의 조화로운 조합을 생각하게 되었다. 그래서 그 이후 병원에서도 이 두 영역을 적절하게 사용하여 환자들을 치료하고 있다. 그리고 성경 공부 시간에나 강의하러 가서도 성령께서 사람들의 마음에 조명하실 때 일어나는 내적인 치유의 중요성을 강조하곤 한다.

나는 정신과 의사이지만 내 마음 하나도 온전히 치료하지 못하고 이해하지 못하는 사람이었다. 이런 나를 최고의 정신과 의사이며 신기한 상담자이신 하나님께서 치료하셨고 그 치료는 너무도 정확하고 분명했다. 할렐루야! (1998년)

그 이후 이야기

(사례자가 세미나와 아카데미에 참여했을 때는 지금으로부터 이십 년 전이었다. 이번에 사례자는 다음과 같이 그때의 영향과 그 이후 지금의 삶을 아래와 같이 덧붙여 주셨다)

20년 가까이 지난 글을 다시 정리하면서 지금의 내 삶을 다시 한 번 돌아보게 되었다. 정신분석학적으로 '훈습(working through)'이라는 게 있다. 어떤 깨달음이 완전히 자기 자아에 통합될 때까지 반복적으로, 점진적으로 그리고 정교하게 탐색하는 과정을 말한다.

이 단어를 신앙적으로 해석해 보면, 우리가 내적치유를 통해 성령님께서 깨닫게 해 주시는 것이 매우 유익하고 소중하지만 그 경험과 힘을 토대로 해서 이제는 삶 속에서 지속해서 말씀과 기도 가운데 정직히 자신을 살피고 세워 가는 내 쪽에서의 성령님에 대한 협조가 반드시 필요하다는 사실이다.

지금도 나의 모습은 한없이 부족하고 넘어질 때도 많다. 하지만 감사하게도 성령께서 내적치유를 통해 나 자신과 인생에 대해 깨닫게 해 주신 통찰력을 바탕으로 신앙적 훈습을 통해 내가 죽고 주님께서 사시는 궁극적 자아실현 즉, 예수 그리스도를 따르는 사람이 되고자 오늘도 나아가고 있다. 그리고 병원에서는 두 개의 십자가-병원을 의미하는 하나의 십자가(나의 의학적 최선)와 기독교 신앙을 의미하는 또 하나의 십자가(하나님의 치유 능력)-를 마음에 두고 환자들을 대하고 있다.

(2016년 6월에 지난 날을 돌아보며)

정신건강 해설 7

성서적 내적치유 심리학의
새 언약 모형

1. 일반 심리학과 기독교 심리학의 차이

1) 인격적 하나님의 존재 유무

일반 심리학과 기독교 심리학의 가장 큰 차이는 예수 그리스도를 통해 계시된 인격적 하나님의 존재 유무다.

이것을 부르스 리치필드Bruce Litchfield는 다음과 같이 정리하고 있다.[25]

'일반 심리학은 성경에서 말하는 하나님을 인정하지 않으며 진화론적 관점에서 인간 또한 자연 이상의 특별한 가치를 두지 않는다. 하나님을 인정하지 않음으로 죄라는 개념은 존재할 수 없고 대신 질병이나 질환의 개념을 가진다. 그러므로 형벌이 아

---

25 부르스 리치필드 외, 『기독교 상담과 가족치료 Vol. 1』, 예수전도단, 2002, p.46.

니라 재활이 요구된다.'

 기독교 심리학의 모든 준거점은 하나님이다. 인격적 하나님이 모든 것의 시작이며 인간은 하나님의 형상으로 창조되었다. 그러나 인간은 타락한 존재이며 이로 인해 모든 심리적 문제가 발생한다. 그러므로 비 기질성 정신질환을 해결하는 길은 자신의 자아를 접하는 것이 아니라 자신의 죄악 됨을 깨닫는 것에서 시작되며 죄의 고백을 통해 죄 사함을 받아 인간은 죄의 영향에서 자유로워져야 하며 자신이 죄인이며 무기력한 존재임을 알아야 한다. 하나님은 인간에게 자유 의지를 주셨기에 인간은 자신의 행동을 선택할 수 있으며 자신의 행동에 책임을 져야 하는 존재이다. 결론적으로 치유와 건강의 길은 하나님과 관계를 회복하며 성령의 훈련작업을 통한 성화의 여정 속에 있다고 본다.

 이처럼 인격적 하나님의 존재 유무는 인간관과 세계관의 근본적인 차이를 만들어 낸다. 인간모델이 다르면 질병증상에 대한 원인분석과 건강의 개념 그리고 치유의 목표와 방향과 과정도 다를 수밖에 없다. 하지만 다르다고 해서 서로 적대적 관계를 가져야 한다는 뜻은 아니다.

 2) 심리학의 유용성과 치료 목표의 차이
 심리학은 인간을 분석하고 자신을 이해하는데 많은 도움을 준다. 등잔 밑이 어두운 것처럼 인간은 세상의 모든 것은 보지만 정작 자신에 대해서 무지한 영역이 많은데 이는 무의식적으로 사용하는 숱한 자기 방어의 술책들로 인해 자신의 실체에 직면하기 어렵기 때문이다. 이런 부분들이 드러나지 않은 채 종교에 몰입할 때 마음은 오히려 완성을 향해 가기 어렵고 삶은 마치 회칠한 무덤과 같은 이중적 모습이 된다.

그러므로 자신에 대한 인식의 폭은 마음을 건강하게 하고 올바른 신앙관을 갖는데 중요한 기초가 되는데 심리학적 정보는 자신에 대한 인식의 폭을 넓혀 준다는 점에서 유용하다. 기독교 심리학은 몸과 마음의 질병이 발생하게 된 근본 원인을 하나님과 관계의 단절로 보기 때문에 치유 목표는 하나님과 관계 회복으로 정해진다. 그러나 심리학은 인본주의적 관점에서 그 치료 목표가 만들어질 수밖에 없기에 치료의 목표는 행복과 증상 개선 그리고 사회 적응과 내면의 성숙 등으로 잡혀진다.

2. 성서적 내적치유 심리학과 일반심리학과의 관계

기독교 상담과 심리학의 관계는 그 사역의 방향과 교회의 미래를 결정짓게 하는 매우 중요한 문제다. 심리학과 관계에 대해 기독 상담학자마다 다양한 견해를 제시하는데 대표적인 세 가지

입장을 소개한다.[26]

1) 권면주의 Nouthetic Counseling 혹은 성경적 상담

이 모델은 상담사역에 어떤 심리학도 허락할 수 없고, 오직 성경만을 사용해야 한다고 주장한다. 이 모델을 만든 제이 아담스 Jay E. Adams는 그 자신이 심리학 그리고 심리학과의 관계를 가진 다른 모델들에 대해서 극도의 비판적 태도를 보이고 있다.[27]

권면주의 상담의 특징은 그 상담의 내용이 지시적이며 대부분 행위의 교정에 집중한다는 점이다. 그동안 교회 안에서 행해지는 일반적 목회상담의 형태라고 볼 수 있다. 하지만 상담실을 찾는 사람들은 자신의 행위가 죄악임을 선고받기 위한 것이 아니라 자신이 빠진 혼란과 파괴적인 행위의 패턴에서 벗어날 수 있는 도움을 요청한다. 상담이 이런 도움을 주기 위해서는 반드시 행위 이면의 행위를 만들어 내는 역동을 찾아내야 할 필요가 있다.[28] 성경은 명철한 상담자는 사람의 마음 깊은 곳에 있는 모략을 알고 그것을 길어 낸다고 말하고 있다.[29] 그런데 상담이 행위 이면의 가면을 벗겨내지 않고 상담자가 단순히 내담자의 죄를 발견하고 변화를 종용하는 것에 상담이 집중될 때 이런 상담

---

26 부르스 리치필드 외, 상게서, p.44.
27 제이 아담스, 『Competent to Counsel』, Baker, 1973, Chapter1.
28 로렌스 크랩, 『인간이해와 상담』, p.48.
29 잠언 20장 5절

은 피상적인 단계에 머물고 이상 행동을 일으키는 핵심적 동기를 건드리기는 어렵다.[30]

그러므로 로렌스 크랩 Lawrence J. Crabb Jr.은 권면주의 상담에 대해 '권면주의 상담은 성경의 충족성이라는 기치 아래 상담의 모든 문제들을 자신이 쉽게 대답할 수 있는 질문들로 응답해 버림으로써 내담자가 가지고 있는 결정적 질문을 무시해 버릴 수 있고 이 결과 성경과 사람들의 생활 사이의 간격은 더욱 벌어진다고 비평한다.[31]

또한 권면주의 상담에서 가장 우려할 문제점은 성령의 역사하심에 대한 현재성의 부인이다. 기독교 상담이 견고하게 고수해야 할 것 중 가장 중요한 것은 '그리스도와 성령은 초자연적 능력을 제공한다'는 것이다.[32]

물론 권면주의 상담도 성령의 인도하심, 카운슬러 되시는 성령님에 대해 말하지만 그 의미는 매우 제한적이다. 제이 아담스 Jay E. Adams는 성령을 한 인격으로 상담을 돕는 분으로 설명한다.[33] 하지만 그가 의미하는 성령의 도우심이란 중생 시에 성령을 받는다는 지식적 이론에 그칠 뿐이다.[34] 그는 사도들에게 부어주신 성령의 역사는 신약성경의 종결과 함께 끝이 났다고 말

---

30 로렌스 크랩, 전게서, pp.48-51.
31 로렌스 크랩, 전게서, p.85.
32 부르스 리치필드 외, 전게서, p.54.
33 제이 아담스, 김용순 역, 『기독교 상담 교본』, 보이스사, 1998, p.27.
34 제이 아담스, 상게서, p.31.

을 하고 있다.[35] 그러기에 사도행전에 기록되고 있는 한 개인의 구체적 상황 속에서 역사하는 성령의 인도하심이나 성령의 세례 같은 역사는 이미 종결되었고 지금 이 시대에 나타날 수 없다고 한다.[36] 이런 태도는 상담이나 치유 현장에서 성령의 역사하심에 대한 엄청난 제한을 만든다. 이에 대해 마틴 로이드 존스Martyn Lloyd Jones는 다음과 같이 비평을 하고 있다.

"제이 아담스Jay E. Adams와 그의 학파 사람들은 귀신 들림, 영적 은사나 그와 유사한 이적, 방언이나 성령세례가 사도시대에 끝났고 더 이상 발생하지 않으며 발생할 수도 없다고 말한다. 그러나 이것은 매우 위험스런 주장이며 전적으로 비성경적이다."[37]

기독교 상담 현장에서 성령의 인도하심에 따른다는 것은 상담의 진행과 결과에 매우 중요한 영향을 미친다. 필자나 복음주의적인 기독교 상담가들은 성령의 인도하심에 따른다는 의미는 '성령께서 인격이시기에 사도행전에서 제자들이 성령의 인도를 따르고 또한 그들에게 성령께서 각 사람에게 성령이 뜻하시는 대로 은사들을 부어주셔서 자신의 도구로 쓰신 것처럼 지금도 그런 역사를 동일하게 진행하시는 성령님의 현재성을 믿는 것'

---

35 제이 아담스, 상게서, pp.29-31.
36 제이 아담스, 상게서, p.30. 『Under The Broad Umbrella』, 의학과 치유에서 재인용, p.215.
37 마틴 로이드 존스, 정득실 역, 『의학과 치유』, 생명의말씀사, 2003, p.215.

이라고 의미하고 있다.

2) 통합주의Christian Counseling, 또는 기독교 상담

가장 기독교적이기 때문에 기독교 상담이라고 불리는 것이 아니다. 오히려 이 모델은 성경과 심리학의 경계가 가장 모호한 모델이다. 이 모델의 우려할 점은 심리학을 하나님이 주신 일반 계시로 보며 심리학과 성경을 통합하여 적절한 상담 이론을 만든다는 점이다. 그러나 필자는 심리학은 하나님이 주신 순수한 일빈 계시가 아니며, 그 상담 이론 안에 심리학자들의 개인적 생각과 반기독교적인 세계관과 인생관의 관점이 들어가 있으므로 이런 사고는 매우 위험하다고 생각한다. 심리학의 거장들 중 대부분은 하나님에 대해 엄청난 적대감을 가지고 인간 모델을 만들었다.[38]

로렌스 크랩은 심리학 자체가 성경에 맹렬하게 반대되는 일

---

38 프로이드는 모든 종교는 망상이며 인간의 보편적인 강박신경증이라고 했다. 종교는 운명이란 비인격적 개념을 하나님 아버지라는 인간적 개념으로 대체하는 문화적 산물로 기술했다. 스키너는 행동과 성격은 환경에 의해 결정되며 인간은 자유의지가 없다고 했다. 칼 융은 목사의 아들이었음에도 불구하고 종교는 신화라고 믿었다. 그는 기독교와 사교의 영향을 모두 받았다. 인지치료의 아버지라 불리는 앨버트 앨리슨은 종교적 신앙은 직면에 필요한 비합리적 신념체계에서 비롯된 것이기에 내담자들은 모두 그로부터 해방되어야 한다고 했다. 더구나 심리적 문제의 뿌리는 종교에 있으므로 종교가 모든 정신병의 원인이라고 했다. 그러나 2000년도 학술지에서 그는 자신의 종교에 대한 견해를 바꿨다고 선언했다 - 출처 : 기독교상담과 가족치료 외.

련의 가정 presuppositions에서 자라났다고 말한다.[39]

　심리학은 물리학이나 순수과학과는 다른 인간의 생각과 세계관이 그대로 정리된 학문이므로 하나님의 일반계시라고는 볼 수 없다고 필자는 생각한다. 실제로 지난 기독교 상담 역사를 볼 때 통합주의적 태도로 인해 기독교 안에 엄청난 변화를 가져오게 되었다. 즉 상담 현장과 신앙서적에서 성경이 주가 되고 심리학이 보조가 되는 상황이 아니라 오히려 성경은 책상 아래로 들어가고 일반 심리학 정보들이 우위를 차지하는 결과를 만들어 버린 것이다. 그로 인해 신학교 강의장이나 기독교 상담 현장에서 심리적 치유나 상담을 논할 때 심리학적 정보가 없으면 전문적 심리 상담이라고 이름 붙일 수 없는 상황이 만들어졌다.

　상담은 교회의 미래를 좌우한다. 삶의 문제에 부딪힐 때 그 실질적인 해결방법을 십자가의 복음 안에서 찾지 못하고 심리학의 인본주의적 관점으로 접근해 간다면 결국 성경은 죽은 책이 되고 문제를 통한 성령과의 만남의 기회도 사라진다. 성경이 죽은 책이 된다면 교회도 형식적인 사교모임으로 전락한다. 고통과 문제는 그 문제 자체의 해결만이 아니라 고통을 해결해 가는 과정도 중요한 의미가 있다.

　사례에 나온 정신과 의사처럼 심리분석이 아니라 예수 그리스도를 통해 자신의 문제를 해결해 갔을 때 그가 가진 열등감의

39　로렌스 크랩, 『성경적 상담학』, 총신대학 출판부, p.39.

문제는 오히려 예수 그리스도와 자신을 동일시하는 도구가 되었고 그로 인해 예수 그리스도의 십자가의 필요성과 그 능력을 더 분명하게 체험하게 되었다. 즉 더욱 깊은 신앙심으로 연결된 것이다. 하지만 통합주의 상담은 상담 현장에서 비록 상담의 끝을 기도로 마무리한다 할지라도 예수 그리스도의 십자가 복음이 아닌 심리학 이론으로 내담자를 분석하고 상담하기 때문에 그 내담자가 상담을 통해 그 문제가 개선이 되었다 할지라도 사례자처럼 자신의 문제를 통해 예수 그리스도를 더 깊이 경험하거나 예수님의 삶과 동일시되거나 하는 영적 체험을 갖게 되지는 않는다. 이로 인해 예수 그리스도의 십자가는 우리가 겪고 있는 구체적인 삶의 현장과는 별다른 연관성이 없어지고 다만 천국을 가게 하는 티켓 정도로 한계지어지는 것이다.

이런 결과들은 결국 실질적인 마음의 문제, 삶의 문제는 심리학에서 답을 찾아가게 하며 예수 그리스도의 십자가는 현실적인 삶의 문제들과는 구체적 연관성이 없는 것으로 여겨져 교회의 필요성과 치유력이 약화되어가는 결과로 이어진다. 그래서 게리 콜린스Gary R. Collins는 통합주의적 상담은 교회의 영적 사망을 초래한다고 했다.[40]

3) 절충주의 혹은 복음주의 상담 Biblical Counseling

---

40 게리 콜린스, 『Helping People Grow』, 기독지혜사, 1988, P.224.

복음주의 상담의 특징은 성경만을 절대 진리로 받아들이며 심리학을 하나님이 주신 일반 계시로 받아들이지 않기에 성경과 심리학을 통합시킨 상담이론을 만들지 않는다. 그러나 심리학의 정보들을 무조건 배격하지 않고 성경에 여과시켜 필요한 부분을 사용한다. 또한 상담 현장에서의 성령의 현재성을 믿기에 성령께서 내담자에게 행하실 구체적 도우심도 열어둔다.

브루스 리치필드Bruce Litchfield와 마틴 로이드 존스Martyn Lloyd Jones, 게리 콜린스Gary R. Collins, 로렌스 크랩Lawrence J. Crabb Jr. 등의 기독교 사역자들은 절충주의 모델이 가장 복음주의적인 기독교 상담 모델이라는 사실을 설명하며 그들 스스로도 이 모델의 입장을 취하고 있다.[41]

로렌스 크랩Lawrence J. Crabb Jr.은 절충주의에 대해 이스라엘의 출애굽 당시에 하나님이 이집트의 물건들을 가져오게 하셔서 그 백성들을 먹이셨던 것으로 비유하고 있다. 즉 세속심리학의 개념들을 성경을 통해 걸러내어 적절하게 사용하면 성경적인 상담목적을 이루는데 유익을 얻을 수 있다는 관점이다. 여기서 중요한 점은 주의 깊은 여과작업job of careful screening일 것이다.

성서적 내적치유는 복음주의, 즉 절충주의 태도를 가지고 있다. 성경만을 하나님이 주신 절대 진리로 인정하며 심리학은 하나님의 일반 계시가 아니라 인간의 사고와 관점으로 집대성되어

---

41 브루스 리치필드, 전게서, p.52.

만들어진 이론이라고 본다. 하지만 무조건 심리학을 대적하거나 심리학의 모든 이론을 쏟아 내버리지 않고 성경의 거름망에 신중하게 여과시켜 유용한 정보를 발췌해서 사용한다. 또한 십자가의 복음을 상담 모델로 계발해서 그 원칙에 따라 심리상담과 일반상담 그리고 교육을 진행시키고 있다.

3. 성서적 내적치유 심리학

1) 내적치유 용어의 역사

내적치유는 특별한 치료방법을 일컫는 용어가 아니라 내면적인 신앙의 성화 과정을 표현하는 것이다. 그러므로 내적치유는 현대에 들어서 갑자기 나타나는 새로운 사조가 아니라 예수님께서 보여주신 전인치유사역이다.

예수님께서는 그의 공생애 동안 인간의 영적인 건강과 몸과 마음의 질병을 고치는 총체적 치유사역을 행하셨다. 또한, 제자들에게도 모든 병과 모든 약한 것을 고치는 권능을 주시고 사람들을 치유하며 복음을 전하라고 명령하신다.[42]

실제로 사도행전에 나타난 초대교회의 사역은 이런 전인치유사역의 형태를 갖추고 있다. 하지만 교회와 국가 권력의 야합으

---

42 마태복음 10장 1-8절

로 인한 중세의 암흑기를 거치면서 초대교회가 보여준 전인적 치유의 기능이 약화되었으나 성령의 역사는 계속 진행되어 현재까지 이르고 있다.

현대에서 내적치유라는 용어가 특별히 사용된 건 미국의 경우 1950년대 초, 아그네스 샌포드Agnes Mary W. Sanford의 영향이 크다. 샌포드의 영향으로 내적치유는 초대교회의 전인적 치유라기보다는 특별한 은사적 사역의 이미지를 갖게 되었다.

내적치유는 교회 안에서 수 세기 동안 영적 흐름에 따라 예식법 아래에서 시행되어 왔던 것이 오순절 운동에 영향을 받아 또 하나의 흐름으로 자라게 되었는데 전통적 예배형식이 강한 교회에서 오늘날 흔히 사용되는 내적치유의 방법들이 개발되었고 지금은 복음주의 교회 안에서 성령의 역사로 내적치유사역들이 터를 닦기 시작해서 번져가고 있다고 한다.[43]

2) 내적치유에 대한 기독 상담자들의 정의

예수전도단의 부르스 리치필드Bruce Litchfield는 '내적치유의 핵심은 상처를 입힌 모든 사람들을 용서하며 용서에 대해 바르게 이해하는 것이고 자신의 참된 그리스도인으로서의 정체성을 마음으로 이해하는 것이다'라고 말하고 있다.[44]

---

43 마이크 플린 · 더그 그레그, 『내적치유와 영적 성숙』, IVP, p.30.
44 브루스 리치필드, 전게서, p.132.

정신과 의사인 이성훈 교수는 내적치유란 특별한 것을 다루는 것이 아니라 예수 그리스도의 복음과 성령의 역사 그리고 하나님의 말씀에 근거하여 마음의 문제가 생겼을 때 해결해 갈 수 있는 원리이며 하나님 나라를 회복하는데 반드시 거쳐야 하는 중요한 과정이라고 말하고 있다.[45]

찰스 셀Charles Sell은 내적치유는 우리를 과거로부터 건강하게 독립시켜 온전히 그리스도와 연합되도록 만들기 위한 필요작업이라고 했다. 그는 크리스천들이 가진 큰 오해 가운데 하나가 예수님을 믿고 거듭나면 유년기의 결함으로 인한 괴로움을 받지 않는다고 믿는 것이라고 하면서 결코 그렇지 않음을 말한다. 새로워지기 위해서는 이전 것, 즉 예수님을 믿기 전의 모든 습관과 생각 태도들과 맞서서 싸워야 하는데 내적치유는 바로 이런 과정이라는 것이다.[46]

크리스천 가정상담가인 노만 라이트Norman Wright는 내적치유에 대해 예수 그리스도께서 해로운 기억에서 받은 영향을 없애주심으로 과거의 생활양식에서 벗어나게 하시며 우리의 힘을 약화시키는 거칠고 모난 부분을 없애고 그리스도의 형상을 따라 우리를 새롭게 조각하시는 것이라고 표현한다.[47]

존 윔버John Wimber는 내적치유에 대해 정의하기를 '내적치유

---

45 이성훈, 『내적치유』, 은혜문화, 1993, p.27.
46 찰스 셀, 『아직도 아물지 않은 마음의 상처』, 두란노, 1992, p.52.
47 노만 라이트, 『당신의 과거와 화해하라』, 죠이선교회, 1996, p.55.

는 손상된 감정으로 고통 받고 있는 사람들에게 성령께서 죄의 용서와 정서적인 회복을 이루어 주시는 과정으로 곤경에 빠져 있는 우리의 존재와 삶의 일정 영역에 복음의 능력이 역사할 수 있게끔 하는 것이다'고 했다.[48]

브루스 탐슨Bruce Thompson은 비뚤어진 상태에서 벗어나 온전한 모델이 되시는 예수 그리스도의 삶을 닮아가는 것을 내적치유로 정의하고 있다. 이 과정 속에서 잘못된 벽은 허물어지고 새로운 기초가 다시 쌓아져야 함을 강조한다.[49]

마이클 플린Mike Flynn과 더그Doug Gregg는 내적치유가 아닌 것에 대해서

첫째, 내적치유는 정신 치료법이 아니며

둘째, 내적치유는 적극적 사고방식이 아니며

셋째, 내적치유는 새로운 형태의 명상이나 자신의 문제에 대한 도피를 통한 치유가 아니며

넷째, 내적치유는 그룹 치료나 구원의 방법이 아니며 뉴에이지 운동처럼 자신 속에서 개발되지 않는 힘을 끌어내어 온전케 하는 치료법이 아니라고 말하고 있다.

즉 내적치유는 중독 회복 프로그램과 같은 프로그램 자체가 아니라 개개인이 가진 아픔과 상처를 직면하며 예수 그리스도의

---

48 존 윔버, 이재범 역, 『치유능력』, 나단, 1990.
49 브루스 탐슨, 『내 마음의 벽』, 예수전도단, 2000, p.292.

임재와 하나님의 능력으로 마음과 삶을 변화시키도록 돕는 성령의 행하심이라고 설명하고 있다.[50]

3) 성서적 내적치유의 유래

1992년, 내적치유사역원에서 한국 교계 최초로 내적치유세미나를 열었고 이것을 기점으로 한국 교계 안에 내적치유사역이 시대적 필요성을 타고 급격하게 확산되었다. 세미나를 개최할 때 내적치유라는 이름을 붙인 이유는 초대교회의 전인적 치유를 지향하는데 있어서 외적 행위의 변화와 신앙 훈련에 초점이 맞추어진 것이 아니고 내면의 중심적인 존재인 속사람을 일으키는 복음의 약속을 강조하기 위함이었다.

하지만 우리의 이런 의도와 다르게 한국 교계에 내적치유사역이 갑자기 확산되면서 내적치유에 대한 수많은 오해와 혼란이 만들어졌다. 이런 혼란의 이유는 기독교 사역자들이 자신이 지금까지 행해 온 다양한 사역 형태 위에 무조건 내적치유라는 이름만을 덧붙이면서 생겨난 사역 내용의 정체성 혼란과 사역자마다 심리학과의 관계 양식이 다름에도 불구하고 모든 것을 내적치유라는 하나의 이름으로 행하기 때문에 생겨난 오해들도 많았다. 이런 상황에서 내적치유사역원은 본래의 내적치유사역을 처음 시작했을 때 가졌던 사역의 방향과 정체성을 구분하기 위해 '성서적 내적치유'라는 용어를 만들어 사용하게 되었다.

---

50 마이크 플린·더그 그레그, 『내적치유와 영적 성숙』, IVP, pp.27-28

성서적 내적치유는 아그네스 샌포드Agnes Sanford나 브루스 톰슨Bruce Thompson의 내적치유사역과 일부 내용 면에서 같은 부분이 있으나 다른 점은 십자가의 복음을 기반으로 기독교 심리 모델인 '새 언약의 모형'을 만들어 성경의 약속들을 통해 심리적 문제들을 치유하며 성령의 현재성에 초점을 맞춘다는 점이다. 또한 통합주의 사역자들의 내적치유 프로그램에서 사용되는 심리적 기법들을 사용하지 않고 전체 프로그램을 십자가의 복음 강의로 구성한 것도 다르다. 1992년 11월 18일 시작된 성서적 내적치유세미나는 지금 현재까지 계속되고 있다.

4) 성서적 내적치유의 목적과 방향

성서적 내적치유의 목적은 요한복음 17장에서 예수님이 기도하신 대로 인간이 내면 중심에서부터 하나님과 하나되는 것, 즉 하나님과 관계의 회복에 두고 있다. 이것은 총체적 치유에서 의미하는 건강의 개념이기도 하다.[51]

우리와 하나님과 관계 회복은 예수 그리스도의 가장 절실한 바람이셨고 이 땅에 오신 목적이셨다. 이 모든 계획은 하나님이 아브라함과 처음부터 맺으셨던 은혜의 언약이며 옛 언약인 율법보다 430년 먼저 맺으신 언약 안에 포함되어 있다. 십자가를 지

---

51 이명수, "A Note of Lectures on Health, Disease & Pathogenesis", 건양대학교 보건복지대학원, 미간행물, 2004.

시기 전 예수 그리스도의 마지막 기도는 인간과 하나님과의 관계 회복을 위해 드려지고 있으며[52] 자신의 죽음을 '새 언약의 비준'으로 말씀하셨다.

> 이 잔은 내 피로 세우는 새 언약이니 곧 너희를 위하여 붓는 것이라 (눅 22:20).

제임스 파커James I. Packer는 인간과 하나님과의 관계 회복, 즉 복음화에 대해 '화목은 예수 그리스도의 죽으심으로 인해 이루어졌고, 화목제물은 하나님의 의를 확증하며 화목의 진리는 우리를 신약복음의 핵심으로 인도한다'라고 설명한다.[53] 복음화란 속사람이 하나님과 화목한 관계의 상태다.[54] 하지만 의식과 무의식 안에 있는 부정적 기억과 상처는 앞의 모든 사례를 통해서도 알 수 있듯이 심리영역에서 구원의 능력을 스스로 차단시키며 그로 인한 영향은 결국 신체적, 심리적 질병 상태로 나타난다.

마틴 로이드 존스Martin Lloyd Jones는 교회의 본래 임무는 하나님과 사람 사이의 관계 회복이며 이런 일은 교회만이 할 수 있다고 강조한다.[55]

52　요한복음 17장 11절
53　제임스 파커, 서문강 역, 『하나님을 아는 지식』, 예수교문서선교회, 1980, pp.244-256.
54　요한복음 17장 23절
55　마틴 로이드 존스, 전게서, p.48.

성서적 내적치유의 목적은 총체적 치유를 통해 사람들의 마음을 하나님 아버지와 친밀한 관계로 회복시킴으로써 예수님의 지상명령을 성취하고자 함이다.

5) 성서적 내적치유의 치유 원칙

성서적 내적치유는 예수 그리스도의 치유 원칙 The principles of Jesus' healing을 따른다.

(1) 예수 그리스도는 인간에게 전인 whole being 적인 구원 사역을 행하셨다.

이사야서는 예수님께서 이 땅에 오실 때 행하실 사역의 방향을 예언하기를 '마음이 상한 자를 고치시며 포로된 자와 눌린 자를 자유롭게 하고 복수의 날을 펼치실 것'이라고 하고 있다.[56] 이 예언을 예수님은 그가 공생애를 처음 시작하신 날 회당에서 읽으시며 자신이 행하실 사역의 정체성을 분명히 하신다.[57] 예수님께서는 이 예언대로 공생애를 통해 몸의 병과 마음의 병 그리고 사회의 병과 영혼의 병을 고치는 전인적이며 총체적 치유사역을 행하셨다.[58] 예수님은 영·혼·육의 질병이 서로 깊은 상관관계가

---

56 이사야 61장 1-3절
57 누가복음 4장 16절
58 공관복음서에는 예수님의 치유 기적 사건이 72회 기록되어 있다. 예수님의 치유기적은 총 41회로써 4복음서의 총 절수 3781절이 그의 치유기적을 기록하는 데 소요되었는데 이는 그의 생애와 활동을 기술하는데 소요된 총 절수의 1/8에 해당한다.

있음을 말씀하신다.[59]

(2) 예수님은 오직 성령의 힘에 의지하여 모든 사역을 전개하셨다.

예수님은 하나님이시지만 성령의 세례를 받고 성령의 능력으로 공생애 동안 사역을 행하셨다. 그리고 우리에게도 성령의 인도 받기를 당부하셨다.[60] 상담자가 성령의 지도하심에 민감하지 못할 때 성경 안에 들어 있는 인간 회복의 원리를 적재적소에 바르게 사용하기 어렵다.[61] 성령님은 어떤 불가사의한 힘이 아니라 인격적인 존재이며 카운슬러다.[62] 상담과 치유의 과정 속에 성령 하나님의 인도하심을 받는 것은 대책 없는 기적을 바라는 것이 아니라 가장 성경적이고 논리적이며 임상효과가 높은 기독교적 대응이다.

성서적 내적치유는 인격적 존재인 성령께서 우주와 각 사람 안에 지금도 실재하시고 영적 은사와 성령의 세례를 통한 치유와 변화의 역사가 예수님 안에서 누구에게든지 지금도 베풀어질 수 있다고 본다. 그러므로 처음과 끝, 그리고 전체의 과정 안에

---

59 요한복음 5장 14절, 마태복음 9장 1-8절, 마가복음 2장 1-12절, 누가복음 5장 18-26절
60 사도행전 1장 4-8절
61 로렌스 크랩은 성령의 인도하심과 심리적 조명 없는 문자적 성경의 사용은 잘못하면 성경이라는 칼이 외과의사의 치료용 칼이 아니라 암살자의 단도가 돼 버릴 수 있다고 말한다. 로렌스 크랩, 『기독교 상담 심리학』, p.85.
62 요한복음 14장 26절

성령의 도우심과 지도하심을 간구하고 의지한다.

(3) 예수 그리스도는 모든 인간의 근원적 문제 해결을 삼위 하나님과 관계의 회복으로 보셨다.

예수님의 오심은 인간을 하나님의 자녀로 만들기 위함이며 (요 3:16) 주님은 자신의 삶의 목적과 자신의 정체성을 하나님 아버지를 알게 하고 하나님에게 갈 수 있게 하는 길과 진리라고 하신다(요 8:14).

길이란 목적지를 이어주는 것이다. 예수님은 우리를 하나님 아버지에게 이어주기를 원하시며 또한 예수님 자신이 승천한 뒤에 우리에게 가장 필요한 것은 성령 하나님과의 만남이라고 강조하고 계신다(요 14장, 요 16장, 행 1장). 이것은 인간의 온전한 회복은 삼위일체의 세 분 하나님과 관계가 다 필요함을 강조하시는 것이다.

성서적 내적치유에서 말하는 하나님과의 관계 회복이란 삼위 세 위격 하나님과의 관계 회복을 의미한다.

6) 성서적 내적치유 상담모델

– 새 언약 모형 The New Covenant Model

성서적 내적치유는 성경에 제시된 하나님과 인간 사이에 세워진 구원의 언약인 예수 그리스도의 십자가의 복음을 토대로 하여 상담 심리 모델인 '새 언약 모형 The New Covenant Model'을 만들었고, 이 원리에 기초해 모든 교육과 치유사역을 진행하고 있다.

새 언약 모형이란 구약에서 예언하고[63] 예수 그리스도께서 마지막 성만찬에서 보증하시는 성경의 새 언약을[64] 준거점으로 이루어지는 치유 원칙이며 인간 변화 모형을 뜻한다. 넓은 의미에서 새 언약 모형이란 예수 그리스도를 통해 이루어지는 구속 사역 전체를 포함한다. 그러나 성서적 내적치유에서 뜻하는 새 언약 모형의 특별한 의미는 인간 변화의 주도권을 성령께서 맡으셔서 예수 그리스도의 십자가 사랑을 통해 인간의 마음 판에 하나님의 계명을 새기심으로 나타니는 치유이다. 말콤 스미스Malcolm Smith는 예수 그리스도께서 잡히시기 전 성만찬에서 말씀하신 '내 피로 세우는 새 언약'은 '내 피로 비준한, 즉 합법적 절차를 밟은 새 언약'으로 해석할 수 있으며 성만찬은 새 언약의 제정을 알리는 만찬이었다고 말한다.[65]

새 언약 모형은 인간의 변화가 행위적인 율법을 지키는 의지적인 노력으로 완성될 수 있는 것이 아니라 하나님과 관계 속에서 예수 그리스도께서 십자가에 죽으심으로 우리에게 일어난 '신분의 변화'에 지속적 초점을 맞추어 갈 때 성령께서 인간의 '핵심 신념체계'를 새롭게 하심으로 인간의 마음 판 안에 근본적인 변화가 일어날 수 있다는 점에 중요한 핵심을 두고 있으며 이

---

63 에스겔 36장 25-27절, 예레미야 31장 33-34절
64 누가복음 22장 19-20절
65 말콤 스미스, 황의무 역, 『새 언약의 비밀』, 기독교문서선교회, 2007, P.174.

것이 성령께서 거듭난 사람 안에서 행하시는 새 마음을 주시는 과정이라고 정의한다.

사도 바울은 그리스도로 거듭나고 하나님의 사역에 전 생애를 드리며 헌신하고 있음에도 불구하고 자신 안에 여전히 존재하는 악의 성향, 즉 옛사람의 힘을 보게 되었다. 이런 상태에 대해 절망하는 가운데 그는 놀라운 비밀을 계시받게 되었고 그에 대한 구체적 기록을 로마서에 적고 있다.[66] 성령께서 바울에게 깨닫게 하신 인간 변화의 핵심은 인간 변화의 근원이 행위적 노력이 아니라 그리스도를 통해 우리 안에 이미 이루어진 신분의 변화를 알고 이것을 붙잡는데 있다는 사실이었다. 이것을 그는 믿음이라는 말에 담았다. 구원의 시작이 믿음이었던 것처럼 마음을 새롭게 해가는 성화의 과정도 믿음이었던 것이다. 그리고 이 믿음이란 재창조된 존재의 변화에 대한 믿음이며 옛사람에 대한 승리는 의지적 노력이 아니라 십자가의 약속 안에 있었던 것이다.[67] 새 언약 모형은 이와 같은 로마서에 담긴 인간의 심리적 특성과 그 문제를 해결하시는 십자가의 복음을 상담과 치유에 적용시킬 수 있는 인성 회복 심리모델로 만든 것이다.[68]

---

66 로마서 8장 1-2절
67 바울의 로마서 7장 15절의 고백은 의지적 노력의 최선을 다한 사람의 고백이다. '나의 행하는 것을 내가 알지 못하노니 곧 원하는 이것은 행하지 아니하고 도리어 미워하는 그것을 함이라.'
68 김선화, "성서적 내적치유가 심리변화에 미치는 영향", 건양대학교 치유선교학 박사학위논문, 2012.

7) 새 언약 모형의 치유과정

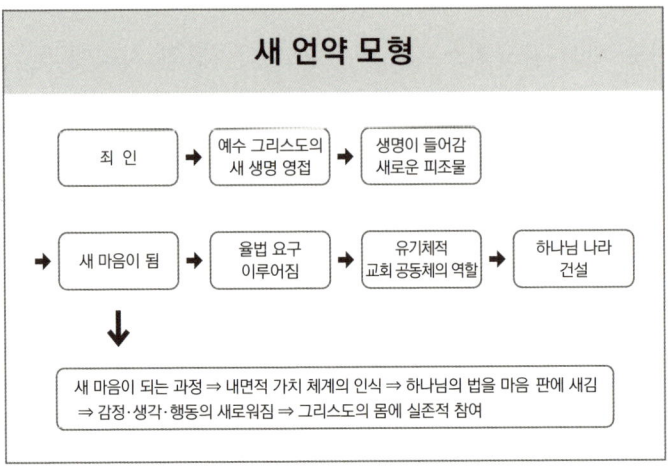

새 언약 모형은 인간의 근본적 변화를 이루기 위해서는 존재 자체의 거듭남이 필요하다고 본다. 그러므로 인간의 변화의 유일한 희망은 오직 예수 그리스도의 새 생명의 이식이다.

새 언약 모형은 이 지점까지 내담자를 인도하고자 노력한다. 이것이 첫 단계라면 두 번째의 단계는 새 마음을 이뤄가는 과정이다. 첫 단계에서 예수 그리스도의 생명으로 새롭게 태어나는 사건은 놀라운 우주적 변화이며 존재와 본성이 완전히 새롭게 창조되어진다. 첫 단계 보다 두 번째 단계인 새 마음을 이루는 이 과정이 더욱 구체적 상담과 마음의 치유 등이 필요하다. 그 이유는 인간의 두뇌는 자신에게 무슨 일이 일어났는지 온전히 이해하지 못한 채 과거의 방식과 감정의 고착으로 휩싸여 있기 때문이다.[69] 그로 인해 사단은 새로워진 정체성을 깨닫지 못하는 두뇌와, 몸에 깃들인 죄악의 습관을 통해 그리스도인을 혼란에 빠뜨린다. 내적치유적인 상담은 그리스도인으로서 자신의 정체성 혼란을 겪고 있는 이 단계에 매우 필요한 도움이다. 새 언약 모형은 새로운 신분을 알게 하고 고착된 옛날의 정체성에서 벗어나게 하며 내면의 가치체계를 만들어 낸 과거의 경험들과 관계의 아픔을 치유하며 새로운 신분과 새로운 사고방식으로 살아가는 것에 대해 이해하도록 돕는다.

이런 관점의 접근은 변화를 의지적 노력으로 이루려 했을 때 필연적으로 빠지게 되는 정죄감의 순환 사이클에 묶인 그리스도인에게 놀라운 영성적 변화를 준다.

스티브 맥베이Steve McVey는 그리스도인들이 '동기부여Motivation - 정죄Condemnation - 재 헌신Rededication'의 순환의 함정에 지쳐있다고 하며 여기서 빠져나올 수 있는 유일한 길은 은혜의 복음을 아는 것이라고 강조한다.[70]

은혜로 주어진 자신의 새로운 신분을 깨닫고 정체성을 받아들일 때 하나님과 관계는 성숙으로 진행되고 그 결과 건강한 삶이 세워져 간다. 새로운 정체성, 하나님 나라 안에서의 신분 자각은 자기 중심적으로 떠도는 핵인간의 삶이 아니라 하나님의

---

69 빌 길햄, 유상훈 역,『하나님이 주신 보장된 삶』, 엔시디, 2006.
70 스티브 맥베이, 우수명 역,『은혜영성의 파워』, 엔시디, 2002, P.50.

몸에 대한 중요성을 갖게 함으로 교회 공동체에 속한 사람으로 삶이 바뀌게 된다.

이것은 하나님을 알아가는 과정이며 십자가의 복음을 자신 안에 내면화시키는 과정이다. 이 과정 속에 성령께서 우리의 속사람 안에 깃든 고통과 상처들을 치유해가시고 무의식적으로 습득되어 우리 안에 자리 잡고 있는 모든 거짓과 결박들을 풀어 가신다. 그 결과 우리는 몸과 마음의 건강이 회복되는 기적들을 맛볼 수밖에 없다.

그러므로 이 책에서 나타난 사례자들의 이야기는 특별한 몇 사람 안에서만 나타나는 기적이 아니라 예수 그리스도의 십자가의 구원의 약속 안에 있는 모든 사람 안에 나타날 수 있는 것이다. 필자는 주변에 가까운 사람들 중에서 몇 사람의 이야기를 이곳에 적었다. 그 이유는 조금 더 자세히 그 삶들을 기록할 수 있었고 또 시간의 흐름 속에서 치유의 과정들이 어떻게 지속되는지를 보고자 했기 때문이다. 세미나가 끝날 때마다 수많은 사람들의 간증이 쏟아져 나온다. 그 많은 기록물이 이십 년의 분량으로 가득히 쌓여 있고 지금도 그 간증들은 계속되고 있다. 성령께서 우리 모두의 곁에 그리고 모든 믿는 사람 안에 계시기에 간증은 결코 소수에 그칠 수 없고 성령 앞에서 열외가 되는 사람은 하나도 없다. 이 책을 읽는 당신이 예수 그리스도를 구주로 고백했다면 당신 안에도 이 기적의 일들은 이미 진행되고 있고 더 구체적으로 진행될 수 있다. 이 책의 사례들은 결코 특별한 소수의 이야기만은 아닌 것이다.

생각해 보고 함께 나눠 봅시다.

1. 사례자인 의사가 본인에 대해 스스로 분석하고 내린 자신의 문제는 무엇이었습니까?
2. 사례자의 문제가 되는 부분이 어떻게 해결되었습니까?
3. 성서적 내적치유의 상담 모델인 새 언약 모형에 대해 정리해 보십시오.

6부

기억장애와 내적치유

사례 9편. 기억을 잃어버린 사람과 하나님
사례 10편. 캄캄한 산길의 어린 남매와 하나님

| 사례 9편 |

기억을 잃어버린 사람과 하나님
사라진 시간 속에 내가 있었다.

사고로 사라진 기억이 돌아 왔다.

세미나 회상의 기도시간이었다. 자신의 살아온 삶을 되돌아 보며 묵상으로 기도하는 시간인데 기도도 안 되고 힘들어서 집중할 수가 없었다. 몸을 편하게 해야겠다고 생각하고 거의 누워 있는데 갑자기 전혀 예상치 못한 놀라운 사건이 일어났다. 나의 어릴 때 일들이 생각나는 것이었다. 초등학교뿐만 아니라 유치원 다니기 전의 시간까지 뚜렷하게 기억이 떠올랐다.
내가 놀라웠다고 말하는 이유는 대학을 다니는 지금까지 나는 초등학교 때까지의 기억이 전혀 없기 때문이다. 내가 초등학교 5학년 때 빙판길에서 크게 뒤로 넘어져 한순간 정신을 잃었는데, 그 사고 이전의 기억이 내게서 사라진 것이다. 넘어졌을 당시 30분 정도 기절을 했다는데 깨어났을 땐 모든 게 낯설었다. 내가 깨어나기를 기다리고 있던 친구들도 알아보지 못했고, 부모님과 할머니를 보면서 부모님이고 할머니인 줄은 알겠는데 성함이며 어디 사시는지 등등 아무것도 알 수 없었다.

심지어는 학업적인 지식마저도 잊어버렸지만 다친 직후 병원에서는 내게 별 이상이 없다고 했기 때문에 가족들은 내가 기억을 잃었다는 사실을 모르고 나는 더더욱 내가 기억을 잃었다는 것조차 인식하지 못했다. 사고 이후 가끔 내 또래쯤 되는 애들이 오랜만이라고 말하면 무시하고 지나가거나 잘 기억나지 않는다고 얘기하곤 했다. 나는 말 그대로 아무 생각이 없는 애가 되어 버렸다.

내가 공부 잘하는 대장이었다고?

그러다가 고등학생이 되었을 때 가끔 '나는 왜 어릴 때 기억이 하나도 없을까?' 하는 생각이 들어 이상하다고 느끼곤 했다. 그런데 마침 초등학생 때 내가 빙판길에서 넘어진 사고 현장에

같이 있던 친구가 나와 같은 반이 되었고 나에 대해 자세히 물었다. 그런데 그 친구의 말을 듣고 굉장히 놀랐다. 왜냐하면, 고등학생 때의 내 모습과 내 친구가 말해 준 어린 시절 초등학교 5학년 때의 내 모습이 완전히 딴판이었기 때문이었다.

고등학교 때까지 나는 친구들과 별로 사귀지도 않고 쉽게 화내고 열등감이 매우 심했다. 그 이유는 머리를 다친 사고 이후에 모든 기억이 사라졌기 때문에 친구들이 바보 같다고 해도 대항하지 못하고 전학 간 학교에서 왕따를 당했기 때문이다. 그래서 나는 본래부터 바보인 줄 알았는데 내 친구 말이 어릴 때 나는 공부도 잘하고 애들에게 대장 노릇하며 운동도 잘하는 사교적인 사람이었다는 것이다.

하지만 친구에게 들은 말들이 믿어지지 않았다. 말을 들어도 어릴 때 일들이 전혀 생각나지 않았기 때문이었다. 그런데 세미나에서 지난 일을 생각하라고 하실 때 그 짧은 시간 잠깐 눈을 감고 있자 사고 전의 기억이 마치 어제 일처럼 모두 떠오르는 것이었다.

머리를 다친 날, 내가 왜 거기 있었는지 어떻게 다친 건지부터 시작해서 4학년 때, 3학년 때는 무슨 일이 있었는지……. 이런 기적 같은 체험은 집에 와서 더욱 본격적으로 떠오르면서 무려 3개월 동안 계속해서 연이어 생각이 났다. 그러면서 내 삶과 성격은 급변하기 시작했다.

항상 떠돌이처럼

나는 어릴 때부터 이 교회 저 교회를 다니다 말다 했다. 그러다 대학 때 다니게 된 교회는 대학부 팀들이 정말 잘해주고 교회 분위기도 마음에 들어서 처음에는 열심히 다녔다. 하지만 교회에 정착한 지 반년 정도가 지나니 재미도 없어지면서 슬슬 마음이 공허해졌다. 찬양팀에 들어가고 사람들과 친하게 지내고 이야기를 많이 해도 찾아오는 공허한 마음……. 함께 있지만 혼자인 것만 같은 기분이 늘 따라 다녔다.

그럴 즈음에 우리 교회 목사님이 주최하는 전국 단위 청소년 세미나에 기타를 치는 사람이 필요하다고 해서 도우러 갔다. 저녁 기도시간이었다. 놀랍게도 중고등학생 애들이 엄청나게 열심히 기도하는 모습을 보면서 기도도 되지 않는 나 자신과 무지 비교가 됐다. 찬양을 인도하고 있지만, 신앙이 머리에만 있을 뿐이었고 마음에는 아무런 느낌도 없고, 눈물도 나지 않고 억지로 기도를 하려 해도 되지 않는 것이었다. 그때 이런 생각을 했다.

"하나님은 계시지만 날 사랑하지는 않는구나!"

그렇게 기도시간 내내 서서 눈을 뜨고 어린 학생들이 기도하는 모습을 보며 사람들에 대한 질투, 하나님에 대한 분노, 역시 난 혼자라는 생각, 공허함 등 여러 감정이 물밀듯이 밀려들었다.

그 이후로도 교회는 계속 다니고 찬양팀도 열심히 섬겼지만,

시간이 지날수록 영혼이 피폐해져 가고 있음을 느꼈다. 그런데도 교회를 못 떠나는 이유는 따로 갈 곳이 없어서였다. 교회도 싫고 하나님도 싫고 사람들도 별로였지만 갈 곳이 없었기 때문에 교회에 발걸음을 끊지 못하고 있었다.

이런 상태를 회복할 수가 없어서 일반인들을 대상으로 하는 내적치유세미나에 오게 된 것이다. 그런데 이곳에서 전혀 예측할 수 없던 일, 평상시에 기도도 해본 적이 없는 일, 바로 내 어릴 적 기억이 모두 떠오른 사건이 일어난 것이다. 그리고 집에 돌아와시도 계속해서 기억들이 떠오르는데 신기하기도 했지만 한편으로는 큰 고통이 시작되었다. 그것은 내 성격과 우리 가족들에 대한 내 감정의 원인들이 하나씩 드러났기 때문이다.

나는 항상 이유 없이 부모님과 사람들이 싫었었다. 그래서 교회를 열심히 다니면서도 나의 이런 감정 때문에 자책감이 심해져서 수없이 기도하고 회개했지만, 부모님과 사람들에 대한 감정이 좋아지지 않았었다. 그런데 기억이 돌아오면서 내가 부모님과 사람들에 대해 이렇게 안 좋은 감정을 가지게 만든 계기가 된 사건들이 소상하게 생각나기 시작한 것이다.

내가 어릴 때 부모님이 맞벌이하셨기 때문에 항상 집에 오면 나는 혼자 있거나 할머니와 있었던 기억들이 떠올랐고, 부모님과 식구들이 공부 잘하는 형과 나를 비교하며 차별대우하던 기억들도 생각났다. 아버지는 항상 강압적이었고 집에 무슨 안 좋은 일이 생기면 엄마는 모두 나 때문이라며 나를 야단치곤 했던 일들이 생각이 났고, 그중에서 가장 뚜렷이 기억난 장면은 내가 엄마 말을 안 듣는다고 엄마가 나를 두고 휙 뒤돌아서 가버리는 장면이었다. 이런 기억들이 나로 하여금 부모님과 거리감을 느끼게 한 원인이 되었다고 이해가 됐다.

그리고 초등학교 3학년 때 어떤 친구가 서예 시간에 먹물을 창문으로 버려서 그 먹물이 학교 벽을 더럽혔는데 선생님이 내가 한 줄 알고 온몸에 멍이 들도록 나를 몽둥이와 발로 때렸던 기억도 떠올랐다. 또 1학년 때 수학문제를 틀렸다고 아이들이 보는 앞에서 온몸을 두들겨 맞은 일, 형에 대한 극도의 질투심 등등, 빙판길 사고로 십 년 가까이 완전히 지워졌던 기억들이 선명하게 떠올랐다. 그러면서 그동안에는 이유 없이 사람들이 싫어서 내 성격은 왜 이럴까 하며 죄책감에 빠지곤 했는데 이제는 뚜렷하게 상처받은 장면들이 세세히 생각이 나니까 덩달아 감정이 한꺼번에 올라오면서 '엄마가 그랬네' 하는 생각에 부모님에게도 화가 나고, 기억과 함께 떠올려진 사람들이 다 싫어졌다. 가족들과 대화도 더욱 안 하게 되고 괜히 교회 친구들과도 일 년 정도는 딴사람처럼 차갑게 지냈다.

하지만 성령님은 내 감정을 그대로 두지 않고 그 다음으로 계속 진행시키셨다. 마치 다친 곳에 약을 바르거나 수술할 때는 큰 고통이 있지만, 수술 후에는 점점 회복되고 고통이 사라지듯이 신기하게도 시간이 지나면서 냉랭한 마음이 사라지고 차츰 이해하고 사랑하는 힘이 생기는 것이었다. 그리고 내게 있던 이상한 행동들도 하나씩 사라지기 시작했다.

한 가지 예를 든다면 나는 샤워를 엄청나게 자주 하는 편이었다. 친구들과 운동을 하다가도 조금이라도 땀이 난 것 같으면 씻지 않고는 견딜 수가 없었다. 그런데 이 습관이 시간이 갈수록 더욱 심해져서 거의 강박증처럼 되다 보니 횟수도 늘고 샤워시간도 점점 길어졌다. 하지만 나는 그저 내 성격이 깔끔해서 그런가 보다 했다. 그런데 그것과 연관된 기억이 떠오르면서 내가 왜 이러는지를 알게 되었다.

4살 정도였을 때 내가 자다가 오줌을 싸서 엄마에게 심하게 야단을 맞았던 장면이 생각나면서 내가 더럽다는 생각을 하게 된 것을 알았다. 그래서 더러워지는 게 싫어서 강박적으로 씻었고, 나를 더럽다고 할까 봐 여자 친구와도 지나칠 만큼 스킨십을 피하게 되었음을 알았다. 여자 친구들은 내가 말로는 사랑한다 하면서도 손 한번 잡지 않으려는 나를 오해하며 떠나곤 했다.

그런데 어느 날 보니 땀을 흘렸는데도 샤워장으로 달려가지 않고 있는 나를 발견했다. 강박적인 행동들이 자연스럽게 사라진 것이다. 그렇게 잘 마시던 맥주도 어느 사이에 먹고 싶은 마음이 사라져 있었고 여자 친구 대할 때도 보통 사람들처럼 자연스럽게 손도 잡게 된 나를 보며 스스로 놀랐다. 또 달라진 것이 있었다.

이전에 나는 멋있어 보이는 여자를 있는 힘을 다해 쫓아다니다가 막상 내 여자 친구가 되면 감정이 싸늘하게 식곤 해서 내가 왜 이럴까 싶었는데 이런 행동의 이유도 알게 되었다. 내가 여자 친구를 사귀는 목적이 내가 그 여자를 사랑해서가 아니라 멋있어 보이는 여자 친구가 있으면 내 자존심이 높아질 것 같아서 전시용으로 옆에 두고 싶어서 사귄 것이었다. 그 정도로 내 안에 열등감이 많았다. 이랬던 내가 성격도 인간관계 태도도 많이 바뀌게 되었다. 특히 부모님과 관계가 정말 좋아졌다.

회상의 기도시간에 어린 시절의 기억이 떠오르면서 보였던 장면이 하나 있다. 그것은 내가 태어날 때 부모님이 나를 보며 굉장히 좋아하는 모습이었다. 신기하게도 그 한 장면에서 오는 힘이 내 안에서 부모님에 대한 모든 분노를 말끔히 씻어 주는 것이었다. 어릴 때 일들이 떠오르기 시작한 일 년의 시간 동안, 나는 새로 재생되는 기억들로 인해 당황스럽고 화가 나고 혼란스러웠지만, 그것은 내가 건강해지는 과정이었다. 마치 오랫동안 굽어진 팔이 펴지면서 아프듯이……. 회상의 기도시간 이후 내가 받은 가장 큰 선물은 부모님을 좋아하게 된 것과 항상 허전했던 마음이 채워지게 되고 사람들에 대해 사랑하는 마음이 생긴 것이다. 특히, 나도 알지 못하는 과거의 내 삶을 하나님이 다 알고 계시는 분이라는 사실이 참으로 놀라웠다.

정신건강 해설 8

기억의 치유 1

1. 기억은 곧 '나'다.

'기억은 곧 그 사람이다'라는 표현이 있다. 기억이 사라지면 자신의 정체성도 흔들리게 된다.

인간의 뇌는 입력된 정보를 삭제하기 전까지 그 데이터를 저장하고 있는 컴퓨터처럼 직간접의 모든 경험이 기억이라는 형태로 저장 창고에 입력된다. 그런데 기억이라는 이 신비한 능력은 사건에 대한 저장뿐만 아니라 그 사건에 따르는 모든 감정과 사건에 대한 주관적 해석까지 저장되는데 이것이 가치관이 되고 틀이 되어 삶에 대한 반응양식에 큰 영향을 미친다.

기억은 양 날개가 있다. 아름다운 기억은 아름다운 삶을 만들어 내고 고통의 기억은 인간을 불행의 상자 속에 집어넣어 버린다. 대니엘 샥터 Daniel L. Schacter는 인간은 '기억이라는 감옥에

갇힌 비극적 죄수'라는 표현을 했다.[71]

또한 기억은 성격의 재료가 된다. 현재의 삶에 영향을 미치고 있는 기억은 수없이 많지만, 그중에서 성격 형성에 큰 영향을 주는 기억은 대부분 매우 어린 시절의 사건들이다. 어린 시절은 자아정체성이 확립되지 못한 시기이기에 이 시절에 일어난 모든 경험이 성격 형성의 재료로 사용되기에 성격의 변화를 위해서 재료로 써진 기억이 무엇인지를 살펴볼 필요가 있다.

2. 성서적 내적치유 과정 속에 들어있는 기억 치유란 무엇인가?

1) 성령이 행하시는 기억의 치유는 상처를 어루만지는 심리적 위로가 아니라 실제 일어난 사건 속에서 그 행위의 죄악 된 동기를 드러내심으로 인해 회개할 수 있도록 이끄시기 위한 성령의 인도하심이다. 성령이 우리에게 오신 이유는 죄를 깨닫게 하려 하심이다.

2) 기억의 치유란 사건에 대한 해석의 관점이 하나님의 관점으로 바뀌도록 성령이 도우시는 것이다. 이것은 긍정적 사고훈련과 다르다.

---

71 대니엘 샥터, 박미자 역, 『기억의 일곱가지 죄악』, 한승, 2006.

현재에 부정적 영향을 미치는 것은 과거의 사건 자체가 아니라 그 사건을 바라보는 관점이다. 이런 부정적 관점은 습관화되고 일생 동안 고착되어 버릴 수 있다. 관점은 상황에 대한 여러 해석 중에서 자신이 선택하는 것이다. 상황을 긍정적으로 바라보도록 훈련하는 긍정적 사고훈련은 의지적 노력이 주가 된다. 그러나 아픈 체험은 이미 깊이 각인되어 있고 그에 대한 해석의 관점이 고착되어 있기에 긍정적 사고훈련을 통해서 긍정의 습관을 만들려고 해도 그것은 역부족이 되고 만다.

하지만 치유된 과거의 기억이라면 그 사건에 대한 해석과 감정이 자동적으로 달라진다. 사건이 새로운 눈으로 보이고 인생이 하나님의 관점으로 보이는 것이다. 의지적으로 그렇게 보려고 노력하는 것이 아니라 새롭게 보이는 것이다. 여호수아와 갈렙의 관점처럼, 믿음의 사람들의 관점처럼 새로운 관점으로 과거가 재해석되는 것이다.

성경의 모든 인물 그리고 인생의 위대한 믿음의 조상들은 긍정적 관점을 갖기 위해 노력한 것이 아니라 믿음 안에서 보이는 새로운 관점이 있었기에 그것을 보며 살았다. 그들이 삶의 고통을 진주로 바꿀 수 있었던 이유는 의지적 노력이 아니라 진실이 무엇인지를 보는 은혜가 있었기 때문이다.

그러므로 회상의 기도시간에 지향하는 기억의 치유의 진정한 목적은 하나님으로부터 주어지는 새로운 눈, 즉 인생의 사건들을 하나님의 관점으로 보고자 하는 것이다. 새로운 관점으로 사건들이 해석될 때 그것을 치유된 기억이라고 말할 수 있다. 이런 관점의 변화는 성령의 도우심이 절대적으로 필요하다.

3. 기억 치유의 필요성

성경은 성격을 수많은 기억들로 이루어져 쌓아 올린 벽으로 비유하고 있다.

마치 사람이 사자를 피하다가 곰을 만나거나 혹은 집에 들어가서 손을 벽에 대었다가 뱀에게 물림 같도다 (암 5:19).

자기 집 안의 벽 속에 숨은 뱀은 치유되어야 할 기억을 의미한다. 사자나 곰은 인생에서 만나는 수많은 어려운 장애를 나타낸다. 그러나 이런 어려운 삶의 문제들보다 더 무서운 것 그리고 치명적인 공격은 바로 기억의 공격이다. 그 이유는 그 뱀이 자기 집 안의 벽 속에 숨어 있었기 때문이다. 집은 매일 기거하는 곳이기에 방심할 수밖에 없고 도망갈 수가 없다. 또한 숨어 있다는 것은 눈으로 볼 수 없는 내면적이라는 의미도 있으나 의식세계 안에서 기억되지 못하고 망각이나 억압을 통해 잠재의식 안에 묻혀 의식세계 안에서 사라졌다는 의미이기도 하다. 보이지 않으니 주인은 그 뱀을 잡아 죽일 수가 없었다. 하지만 반드시 해결되지 않으면 안 되는 것이다.

고통스러운 기억이 가져다주는 비극에 대해 데이빗 씨맨즈 David A. Seamands는 강조하기를 '고통스러운 기억은 단순히 가슴에 자리 잡고 있는 강렬한 고통이나 우리의 가슴을 뒤흔들어 놓는 과거의 충격만으로 끝나는 것이 아니라 그러한 고통과 압박으로 인해 우리가 처하는 현실에 대처해 가는 일에 있어서 혹은 사람들과의 관계를 맺어 가는데 있어서 잘못된 방법으로 가도록 길들게 하며 그러는 동안에 우리의 성격 양상의 근본까지도 그런 식으로 바뀌어 가게 되어 생활방식의 태도를 결정하게 한다'고 했다.[72]

하루를 즐겁게 보내다가도 과거의 실패한 일이 갑자기 떠오르면 좌절감과 자책감에 빠지게 된다. 과거의 경험으로 만들어진 부정적 메시지가 현재의 삶에 부정적 영향을 끼치고 있는 것이다. 이런 메시지는 영적 생활에도 큰 지장을 준다. 특히 아버지에 대한 경험은 하나님 아버지에 대해서도 육신의 아버지와 같은 이미지로 연상되어 하나님 아버지에 대해 신뢰감을 갖는데 매우 어려움을 갖게 하는 것이다.

하워드 할핀 Howard Halpern은 과거의 기억에서 전해지는 감정

---

[72] 데이빗 씨맨즈, 편집부 역,『기억을 통한 정신치료』, 보이스사, 1988, p.46.

적 영향력은 절단되지 않은 탯줄과 같이 그대로 남아 있을 뿐 아니라 쉽게 절단할 수 없는 꼬여진 매듭이 된다고 하며 이런 영향력들을 끊고 새로워져야 한다고 말한다.[73]

강원도 황지 예수원에서 공동체의 삶을 통해 실천 교육을 하며 성령운동을 했던 대천덕 신부는 기억의 치유의 필요성을 언급하기를 '기억의 치유는 잠재의식의 치유라고 할 수 있다. 우리는 상처를 잊기 위해 마음속에 감추나 결국은 모든 축적된 상한 기억들이 더 이상 눌려있지 않고 오히려 지배하게 될 때 마음이 태풍과 같아 정상으로 되지 못하고 의식까지도 잡혀 들어가게 되어 올바른 생각을 하지 못한다. 그때 영은 하늘과도 연락이 안 되어 항상 마음이 아픈 상태가 된다. 하나님은 사람이 상처를 받게 되더라도 미치지 않기 위해 잠재의식이라는 공간을 만드셨고 과거에 받은 상처가 그 잠재의식 안에 들어가면 어느 정도는 평화롭게 지낼 수 있다는 것이다. 하지만 어느 순간 그 잠재의식이 포화상태가 되어 더 이상 견딜 수 없을 때 내적치유가 반드시 필요하다.

하지만 인간의 힘으로 인간의 잠재의식 속에 있는 상처를 다 알 수 없고 기억해 낼 수 없으나 성령께서 도우셔서 기억하게 될 때 치유가 된다. 이런 치유는 정신병원에 가서 아무리 치료받아

---

73 Howard Halpern, 『Cutting Loose : A Guide to Adult Terms With Your Parents』, New York : Bentam, 1978, p.3.

도 해결될 수 없으며 자연적 능력으로는 도무지 치료할 수 없고 오직 십자가의 능력으로만 아픈 속사람은 치유되어질 수 있다'[74]고 강조한다.

대천덕 신부는 실제 자신의 가정의 삶의 경험을 말하기를 '큰딸이 한국에 와서 살면서 아이가 이상하게 화를 내고 엄마를 죽이겠다고 칼로 위협하기까지 했다. 아버지인 내가 붙잡으면 금세 가라앉고 문제가 없는데 유독 엄마에게만 그렇게 대했다. 그래서 그 아이의 (고아원에서 신부님 가정으로 입양된 아이였음) 버림받았던 기억들을 치료해 달라고 안수기도한 후 다시는 그 문제가 생기지 않았다'고 쓰고 있다.[75]

과거의 기억을 돌아보고 그에 대한 상처를 치유해야 할 필요성에 대해서는 심리학자뿐 아니라 성경상담학자들도 강조한다. 심리학을 완전히 배격하고 성경의 이론을 통한 권면적 상담을 강조하는 제이 애덤스_{J. E. Adams}[76] 조차도 과거를 살펴봐야 할 필요성에 대해 다음과 같이 적고 있다. '비성경적인 반응의 유형이 개인의 당면한 문제의 근거라고 하는 사실을 충분하게 입증하기 위해서 과거를 재검토하는 것이 중요하다. 과거로 돌아가는 목적은 행동의 역사를 추적하는 것이다. 행동적인 역사란 주로 피상담자의 습관적인 반응의 유형에서부터 그의 생활의 형태

---

74 대천덕, 『우리와 하나님』, 예수원, 1980, p.46.
75 대천덕, 『우리와 하나님』, 홍성사, 2005, pp.81-82.
76 제이 애덤스, 『기독교상담자』, 웨스트민스터 신학교의 실천신학교수.

를 결정하는데 관련된 것이다'라고 말하고 있다.

4. 기억의 치유가 세속주의 심리학이나 인본주의적인 상담 등으로는 한계가 있는 이유

1) 치유가 필요한 기억을 대부분 인식하지 못하기 때문이다.

치유를 위해서 먼저 치유되어야 할 필요가 있는 기억이 우리의 의식 안에 떠올라야 하는데 대부분 그 기억을 인식하지 못한다. 헨리 나우웬Henri Nouwen은 '잃어버린 기억은 치유의 기회를 놓친 것이다'고 말했다.

인간은 고통스러운 기억을 의식에서 지우려고 노력하며, 시간이 지날수록 사건은 망각되어 잠재의식의 깊은 바닷속으로 들어가 버린다. 그리고 성격과 감정에 영향을 미치는 사건 중에는 태아 때의 시간이 들어가는데 자신의 태아 때의 사건을 기억한다는 것은 인간의 힘만으로는 불가능한 일이다. 또한, 인간 성격 형성의 기본 틀이 만들어지는 세 살 이전까지의 가장 중요한 시기의 경험들 역시 기억하는 데는 한계가 있다.

더구나 위 사례자처럼 사고로 뇌를 다쳐 기억을 잃은 경우에는 더욱 어려운 일이다(기억이란 신경세포의 시냅스 곳곳에 어떤 일들이 저장되어 있다가 어떤 자극이 주어지면 그곳이 재생

되어 테이프를 작동시킨 것처럼 떠오르게 되는 것을 말한다. 그러나 뇌를 다치면 이 시스템에 장애가 생겨 같은 자극이 주어져도 그곳이 재생이 안 되기에 기억할 수 없다.).

심리학에서도 무의식(내적치유에서는 잠재의식이라고 표현한다.)의 영역을 탐구하고자 여러 방법을 시도한다. 최면요법이나 연상검사와 심리검사 등 다양한 방법을 사용하여 묻힌 기억들을 의식 속으로 끌어올리기 위해 시도하지만, 그것에는 한계가 있을 수밖에 없다.

그러나 성령께서 필요한 기억을 끌어올려 주신다면 기억의 치유는 가능한 것이다. 성령은 인간을 직접 지으신 분이며, 인격적인 존재이며, 상담자이며, 인간의 생각 속에 역사하셔서 인간에게 필요한 모든 것을 생각나게 하시는 분이다.

주께서 내 내장을 지으시며 나의 모태에서 나를 만드셨나이다 (시 139:13).

보혜사(Counselor) 곧 아버지께서 내 이름으로 보내실 성령 그가 너희에게 모든 것을 가르치고 내가 너희에게 말한 모든 것을 생각나게 하리라 (요 14:26).

성서적 내적치유세미나 과정 중에는 회상의 기도시간뿐 아니라 세미나 전반에 걸쳐 성령께서 본인에게 직접 필요한 사건들을 생각나게 하시거나, 삶을 새로운 관점으로 조명하시는 역사를 일으켜 주셨다.

치유가 필요한 사건들이 잠재의식의 동굴 안에 묻혀 버릴 때 성격이나 죄악된 행위에 대한 변화의 시도는 근원적인 내면의 공략 없이 곁가지만을 치는 행위에 그치고 만다.

2) 기억의 치유는 단지 사건의 재생만으로 충분치 않기 때문이다.

인위적 방법으로 잠재의식 속에 들어있는 아픔의 사건들을 기억한다 할지라도 그것이 치유로 이어지기는 어렵다. 그 이유는 치유될 부분은 기억 자체가 아니라 그 사건을 경험함으로써 느꼈던 감정들과 그로 인해 상해버린 심령이 다루어져야 하기 때문이다. 사람들은 중요한 핵심적 사건들을 가끔 꿈에서 보거나 기억하기도 하지만, 그 사건과 연결된 의미와 감정을 전혀 느끼지 못하면 치유로 연결되지 못한다.

그러나 성령께서 '생각나게 하는 역사'를 하실 때는 사건의 기억과 함께 그 당시의 고통스러웠던 감정까지, 그리고 그로 인해 만들어진 왜곡된 생각마저 함께 떠올리시고 깨닫게 하신다. 이처럼 사건이 기억나고, 이어서 그 사건과 연관된 감정을 다시 경험하게 될 때 그 감정이 왜 생겼는지 비밀이 풀리면서 감정도 사라지는 놀라운 자유와 변화를 체험하게 된다. 이 책의 모든 사례는 이런 치유의 경험을 적고 있다. 이런 현상에 대해 찰스 셀Charles Sell은 '자신의 정서적 반응에 대해 논리적이 되는 것은 스스로를 자유롭게 한다'고 표현했다.[77]

성령이 행하시는 이런 심리적 치유는 그 대상의 폭이 매우 넓다. 심리학은 정신분석이나 인지요법의 치료를 받기 위해서는 어느 정도의 지적 수준이 필요하다고 생각하기 때문에 대상자들을 그런 조건 안에 있는 사람으로 제한한다. 하지만 성령이 행하시는 기억의 치유는 평생 자기 내면에 대해 생각해 보지도 않고 살았던 할머니 할아버지나 어린 초등학생에게도 자신의 아픔과 연결된 사건을 생각나게 하시고 그로 인해 자기 사신을 이해하고 치유하게 하셨다.

3) 모든 사람은 자기 마음대로 기억하는 기억의 오류가 있기에 치유가 어렵다.

치유는 사실에 직면할 때 이루어진다. 하지만 대부분의 사람은 어느 정도 비사실적인 내용을 자신의 과거에 집어넣어 그것을 사실로 오인한다. 열 명의 형제가 아버지에 대해 말하는 기억이 모두 다를 수 있다. 이런 주관적 시나리오 작성에 대해서 프로이드는 '인간은 자신에 관해 일관된 이야기를 만들기 위해 사건에 관한 기억들이 선택적으로 발췌되며 이런 어린 시절의 부모와 연결된 기억들의 대부분은 타인의 기억과는 거의 관계가 없다'라고 했다. 즉 인간의 내면에 있는 기억은 객관적 사실

---

77 찰스 셀, 『아직도 아물지 않은 마음의 상처』, 두란노, 1992, p.193.

의 정리가 아니라 지극히 주관적인 해석들이라는 것이다. 어린 시절의 부족한 지식기반, 통제의 결여, 제한된 인지와 자기 인식에 외상을 주게 되어 견딜 수 없게 되고 그것을 극복하기 위해 우리의 지각은 왜곡된다고 설명한다.[78]

정신의학자인 알프레드 아들러Alfred Alder는 '의미는 상황에 의해 결정되는 것이 아니라 우리가 그 상황에 의미를 부여하는 것이다'라고 인간이 가진 주관적 해석의 오용성을 말하고 있으며, 인지행동치료의 창시자인 앨버트 엘리스Albert Ellis는 내담자들이 그들의 잘못된 사고에 맞서서 생각하고 느끼고 행동할 때 건강한 변화와 치료를 가져올 수 있다고 했다.[79]

사건에 대해 주관적으로 왜곡할 때 자신의 해석을 강화시키는 기억들에 대해서 선택적으로 발췌된다. 이런 결과로 그 상대방에 대한 좋은 기억들은 희미해지고 자신의 잘못된 해석을 뒷받침할 부정적 기억만이 계속 떠오르게 된다. 이런 기억의 선택에 대한 습관은 속박이며 틀이며 견고한 사슬과 같아서 끊기가 심히 어렵다. 인지정서치료의 모태가 된 에픽테토스Epictetus는 '인간은 객관적 사실 때문에 혼란스러워하는 것이 아니라 그 사실에 대한 자신의 관점 때문에 혼란스러워한다'라고 명제하고 참된 자기를 찾기 위해서 우리가 가지고 있는 사물에 대한 잘못

---

78 스테판 팔머, 김춘경 외 공역, 『상담 및 심리치료의 이해』, 학지사, 2004, pp.352-358.
79 스테판 팔머, 상게서, p.96.

된 명제와 해석들을 재검토해야 한다고 했다.[80]

이와 같이 인간은 자신이 가진 기억 자체도 총체적이 아니라 편파적일 뿐 아니라 오류를 인정하고 깨닫는 것은 더더욱 어려운 일이기 때문에 기억의 교정과 정확한 수술은 어렵고 한계가 있다. 하지만 우리의 모든 기억의 오류까지도 완전히 아시는 하나님께서 카운슬러가 되어 치유하시고 풀어 주신다면 어떤 문제일지라도 해결될 수 있다. 하나님께서만이 행하실 수 있는 기억 치유 사례 한 가지를 더 들어보고자 한다.

---

[80] 안셀름 그륀, 한연희 역, 『너 자신을 아프게 하지 말라』, 성서와 함께, 2002, pp.10-25.

| 사례 10편 |

캄캄한 산길의
어린 남매와 하나님
기억의 치유는 혼자 생각하는 상상이 아니었다.

오빠도 봤어?

나와 멀리 떨어져서 기도하고 있던 동생이 글썽이며 내게 와서 물었다. 기도시간에 갑자기 한 장면이 떠올랐는데 그것이 어릴 때 아빠에게 맞을까 봐 엄마가 도망가라고 해서 오빠와 같이 도망가는 장면이었다고 했다. 그런데 캄캄한 산길을 가는데 누군가 우리 뒤를 따라오면서 밝게 비춰주는 것을 보여 주셨다며 하나님이 그때 우리랑 같이 계셨다고 울었다. 나는 너무 놀라서 동생에게 말했다.

"나도 방금 그것을 봤는데! 나도 지금 그 장면이 보였어!"

"오빠도?"

"그래, 나도 지금 기도하는데 그 장면이 보였어. 너랑 나랑 가는데 누가 플래시로 비추는 것처럼 우리 앞에 길이 환하게 계속 비춰줬어."

우리 둘은 너무 기쁘고 신기하고 감사해서 또 한 번 울고 웃었다.

'아까 내가 본 것이 하나님이 보여 주신 것 맞구나! 하나님은 정말 우리에게 관심이 있으셨구나! 다 보고 계셨구나! 같이 계셨구나!'

그 무섭고 어두운 밤 산길에서 덜덜 떨며 도망갔던 우리 남매를 하나님이 지켜주며 같이 있어 주셨다는 사실이 정말 너무도 신기하고 감격스러웠다.

아까 내가 그렇게 하나님 욕을 했는데…….

어머니, 우리 어머니!

아버지는 폭언과 폭력이 심했다. 잘 다니던 회사도 몇 개월 일하다가 보면 이런저런 핑계로 빠지기 시작하다가 결국은 그만두었는데 지금도 기억나는 그 시절 아버지의 말은 "그까짓 거 때려치우지 뭐!" 그러고는 정말 직장은 때려치우고 낚시만 다니거나 온종일 집에 누워있던 아버지의 모습이 기억난다. 그런 아버지 때문에 어머니는 일할 수밖에 없었고 가사와 경제적인 부분까지 감당하셔야 했다. 그런 어머니와 우리에게 가장 두려운 순간은 아버지가 술 먹고 들어오는 날이었다. 말도 안 되는 이유로 아버지의 폭언이 시작되면 옆방에 있던 나와 어린 내 여동생은 불안과 공포에 휩싸이게 된다.

어머니는 내가 초등학교 5학년, 여동생이 3학년 때 집안일 하랴 직장 다니랴 정말 하루가 부족하실 텐데도 야학을 다니며 검정고시로 입시를 준비하고 계셨다. 어머니는 배움에 대한 갈망이 참 크셨던 것 같다. 초등학교 때 학교 성적도 전교 1~2등이었지만 뜻하지 않은 외할아버지의 교통사고로 인해 생활이 어려워지게 되었다.

가정 사정이 너무 어려워지자 어머니는 초등학교를 졸업하자마자 어쩔 수 없이 바로 의상실에 들어가서 그때부터 돈을 벌어 동생들 7남매의 학비와 집안 생계를 담당하셨다. 14살 중학생이 되어야 할 나이에 의상실에서 일하면서 가게 앞을 지나가는 또래 친구들의 교복 입은 모습을 보면서 눈물 많이 흘리셨다고 하시던 이야기가 기억난다.

그랬기에 어머니 안에는 항상 배움에 대한 갈망이 컸고, 삶이 힘들고 설움이 깊을수록 배움에 대한 한은 더 깊어지셨던 것 같다. 그래서 어머니는 나이 먹고도 필사적으로 공부하길 원하셨는데 아버지는 그런 어머니의 모습이 못마땅했던지 어머니만 보면 분노를 폭발하고 이혼을 요구했다.

"너랑 니 새끼들 때문에 내가 발목 잡혔어. 다 니들 때문에 내 신세가 옴짝달싹 못하잖아. 저것들 보는 것도 짜증나! 버려! 어디든 갔다가 다 버리란 말이야!"

나는 어릴 때 아버지의 욕설과 고함을 들으며 아버지가 우리를 버릴까 봐 무섭고 두려웠다. 너무도 힘이 들었던 어머니는 우리 남매를 데리고 근처 가까운 교회를 다니기 시작하셨다. 그런데 아버지가 이제는 교회 간다고 악마처럼 돌변해서 수시로 온 집안을 난장판으로 만들었다. 어느 날은 아버지가 어머니를 향해 화를 내며 유리컵을 던졌고, 컵은 어머니 이마 옆을 스쳐 농에 부딪치며 산산이 깨졌다. 그래도 분이 안 풀렸는지 칼을 들이대고 어머니의 목에 겨누기까지 했다. 어머니는 창백하게 질려서 모든 것을 포기한 듯했다. 그런 모습을 어린 나는 숨죽여 보며 그저 떨고만 있었다. 어머니가 위험했지만, 아무것도 할 수 없는 연약한 내 모습이 너무나 싫었고 그때 나는 힘이 생기면 꼭 아버지를 죽이리라 결심했다.

결국, 아버지는 일방적으로 보증인을 세우고 이혼을 요구했고 어머니는 더는 버티지 못하고 이혼을 당하게 되었다. 두 분이 이혼하신 그때 98년부터 우리 세 식구는 교회 발걸음을 끊었다. 너무도 힘든 삶으로 인해 어머니 안에 하나님에 대한 원망이 있으셨던 것인지도 모른다. 그리고 많은 시간이 지난 후 군에 들어가 교회를 다니면서 나는 다시 하나님을 찾기 시작했고 새롭게 신앙생활을 하게 되었다.

내 안에 숨겨졌던 아픔의 불씨

내가 하나님에게 돌아오고 난 뒤 우리 세 식구는 다시 새로운 교회에 정착해서 열심히 교회를 다니기 시작했다. 그리고 교회의 담임 목사님이 하시는 내적치유세미나에 참여했다. 하지만 조용하게 강의식으로 진행되는 세미나는 내 성격과 맞지 않아 지겹고 재미가 없었다. 차라리 여기 오지 말고 대학부 팀들과 단기 선교 준비나 열심히 할 걸 하는 생각이 들어 별로 집중하지도 못했다. 그런데 두 번째 날 회상의 기도시간이었다.

별로 특별한 것이 아니라 지금까지 살아온 지난 날을 조용히 묵상해보라고 하기에 나도 눈을 감고 앉아 있었다. 하지만 생각나는 것도 없이 거의 시간이 끝나갔다.

"이게 뭐람? 아무것도 없잖아!"

나는 더 짜증이 나고 답답해졌다. 그런데 그때 불현듯 한 장면이 선명하게 눈앞에 떠올랐다. 그 장면은 10년도 넘은 오래된 일이었는데 왜 갑자기 그 기억이 그토록 선명하고 뚜렷이 났는지 모른다.

그날 저녁에 아버지가 집으로 전화했다. 어머니가 전화를 받고 있는데 전화기 너머로 아버지의 술에 취한 목소리가 들렸다. 아버지는 고래고래 소리를 질렀다.

"오늘 니들 모두 죽여 버리겠어."

아버지의 전화를 받고 어머니는 극도로 불안해하셨다.

"전화기 너머로 개 짖는 소리가 들리는 거 보니 집 근처인 것 같다. 이번에는 무슨 일이 날 것 같아. 너희 빨리 피해!"

어머니는 우리 앞에서 덜덜 떠시며 삼촌에게 전화해서 지금 좀 와달라고, 도와달라고 하시는 것이었다. 어머니가 삼촌에게 이런 전화를 하신 것은 내 기억에 처음이었다. 어머니는 나와 동생 등을 떠밀며 빨리 언덕 너머에 있는 친구 집으로 피하라고 하셨다. 나는 떨고 있는 어머니 곁을 떠나기 싫었지만, 어머니의 간곡한 당부에 여동생의 손을 잡고 가로등 하나 없는 깜깜한 길을 걷기 시작했다. 친구 집에 가기 위해서는 언덕 사이의 산길을 지나야 했는데 동생과 나는 컴컴한 그 산길을 공포 속에서 걸어가며 정말 많이 울고 또 울었었다.

그런데 바로 이 장면이 갑자기 나타난 것이다. 어머니가 두려워하며 절박한 심정으로 우리에게 도망가라고 하는 모습과 울면서 동생의 손을 잡고 컴컴한 산길을 넘던 불쌍하고 힘없는 두 남매의 모습이 마치 영화처럼 나타났고 나는 그 장면을 관객처럼 지켜본 것이다. 그런데 갑자기 내 속에서 분노가 터져 나오기 시작했다.

그 분노는 아버지가 아닌 하나님을 향한 분노였다. 어머니가 이혼한 뒤 오랫동안 교회와 발을 끊었다가, 2004년에 다시 새롭게 주님을 만난 뒤에 나는 순간순간 주님의 사랑을 느꼈었다. 나는 수없이 좋으신 주님, 따뜻하신 주님이라고 찬양하며 대학부 지체들 앞에서 고백했었다. 그런데 그 순간 내 안에 화가 폭발하면서 주체할 수 없이 욕이 터져 나오는 것이었다.

"이런 제기랄! 하나님이 어디 있어! 니가 정말 신이야? 전능하다면서? 모든 것을 다 할 수 있다면서! 그런데 나랑 내 동생이 저렇게 도망칠 때 당신은 뭐 하고 있었는데? 우리 엄마 그렇게 당할 때 뭐했냐고! 제기랄 빨리 말해봐, 빨리! 아무것도 못 하고 무기력한 니가 무슨 하나님이야!"

지금은 감히 상상할 수도 없는 무지막지한 욕들이 내 입에서 터져 나오기 시작했다. 기도시간이 이미 끝나 주위 사람들이 눈을 뜨고 날 봤겠고 같은 교회에서 참석한 교인들도 있었지만 난 미칠 듯이 화가 나서 사람들이 날 보는 시선 따위는 아무 상관도 없었다. 다만 내가 지금까지 믿었던 하나님이라는 존재에 대해서 너무나 서운하고 화가 났다. 정말 필요할 때는 아무것도 못 하는 무능하고 병신 같은 하나님 따위를 내가 지금껏 믿고 내 인생을 맡겼다니…. 충격이었다! 하나님이 나를 지키고 사랑한다는 말이 무슨 웃기는 소리란 말인가!

나는 주먹으로 바닥을 치고 내 앞에 놓인 휴지 상자를 내던지며 가슴을 치고 난리를 쳐도 분이 가라앉지 않았다. 그렇게 한참을 쌍욕을 하고 발악을 하며 독을 토해내니 온몸에 힘이 빠져서 어지러웠다. 지쳐서 자리에 푹 주저앉아 있는데 아까 그 장면이 다시 떠오르는 거였다. 산길로 도망하는 어린 두 남매가 다시 보였다.

그런데 이번엔 무엇인가 달랐다. 바로 남매의 발 앞, 정확히 말하면 내 발 앞에서 밝은 빛이 계속 따라오며 길을 밝혀주고 있었다. 나는 그 빛을 따라 동생 손을 꼭 잡고 산길을 넘어가는 게 보였다. 그 장면을 보고 있는데 내 속에서 소리가 들렸다.

"내가 함께 가고 있었다!"

내가 지금껏 욕을 하며 난리를 쳤는데 그 말이 마음에서 들리는 순간, 순식간에 미칠 것 같은 마음이 가라앉으며 울음이 터져 나왔다. 그리고 이제는 오히려 내가 잘못한 일들이 생각나기 시작했다. 특히 동생에게 잘못했던 일이 계속 떠올랐다. 어머니가 일하셨기에 동생을 돌봐야 했는데 같이 놀기 싫어 구박하고 핀잔을 준 기억들이 세세히 나면서 울음을 그칠 수가 없었고, 그런 모든 시간에 주님이 우리 세 식구와 같이 계셨다는 말씀에 눈물이 그쳐지지 않았다. 그렇게 울다가 문득 동생에게 용서를 구해야겠다는 생각이 나서 눈을 뜨는데 때마침 동생이 내게 온 것이었다. 그리고 동생이 먼저 오빠와 내가 산길로 도망갈 때 하나님이 빛을 비춰주신 것을 지금 보았다고 말하는 거였다. 나는 다시 한 번 너무 놀랐다.

'아! 내가 본 것이 나 혼자 상상하며 지어내서 생각한 것이 아니었구나! 정말 그 모든 것이 사실이었구나!'

나는 나도 지금 똑같이 봤다고 하며 동생에게 내가 잘못했던 일을 말하자 동생은 그런 일 기억도 나지 않는다면서 용서한다고 했고 둘이 다시 신기하고 놀랍다고 하며 울었다.

하나님은 우리를 보고만 계신 분이 아니었다. 함께하시는 진짜 아버지셨다. 어머니와 우리를 죽이겠다고 하며 상처를 준 육신의 아버지를 내가 원했던 방법대로 그 자리에서 혼내주시지는 않았으나 하나님은 하나님의 방법대로 우리를 지켜주셨고 그때도 같이 계셨던 것이다.

하나님을 사랑해서 선교여행을 간다 하고 준비했던 내 마음속에 이토록 하나님에 대한 불신과 분노가 깊이 숨어 있는 줄은 몰랐다. 화가 나서 하나님께 욕을 하며 무능력한 분이고 지켜주지도 않는다고 했던 것이 너무 죄송하고 마음이 아팠다.

나는 지금 목회의 길을 걷고 있다. 동생도 어머니도 모두 행복하게 잘살고 있다. 하나님은 어머니의 모든 기도를 다 들어주셨다. 우리 세 식구를 한 번도 떠나지 않으신 하나님이 나의 진정한 아버지이셨다.

정신건강 해설 9

기억의 치유 2

1. 기억 치유는 새 마음을 이뤄가는 과정이다.

　앞 장의 새 언약 모형의 해설에서 설명한 바와 같이 그리스도인은 예수 그리스도를 영접함으로 새로운 피조물로 거듭나는 기적이 일어난다. 새로운 피조물로 그 순간 재창조되는 것이다. 인간은 영과 몸 그리고 마음을 가진 존재다. 예수님의 구속으로 몸과 영혼이 모두 새로워지고 회복되지만 각각의 시간차가 있다. 가장 먼저 완전히 순간적으로 변화되는 곳은 영이다. 죽은 영이 살아있는 영 즉 하나님과 교제를 나누고 하나님의 말씀을 알아들을 수 있는 영으로 바뀌는 것이다. 더구나 하나님의 성령께서 우리의 영 안에 오셔서 함께 사신다.
　하지만 마음과 몸은 아직 멀었다. 몸은 우리 안에 오신 성령의 능력으로 약한 곳이 치료되고 회복되기는 하지만 하나님이 만드신 새로운 몸은 우리가 이 땅을 한번 떠난 후에 영원한 부활의 날에 썩어지지 않는 몸으로 변화될 것이라고 하셨으니 가장 늦게 이루어지는 작품이다. 그렇다면 마음의 변화는 어떨까? 마음 역시 시간이 걸린다. 그리고 또 중요한 점은 마음의 변화는 내 자신의 적극적 협조가 필요하다는 점이다.

하나님은 우리 안에 새 영을 두고 새 마음을 주신다고 하셨다.

또 새 영을 너희 속에 두고 새 마음을 너희에게 주되 (겔 36:26).

그러나 마음이 새롭게 되는 것은 영과 몸이 새롭게 되는 것과 달리 나의 자아가 협조해야 한다. 성령은 우리 안에 오셔서 새 마음이 이뤄지도록 열심을 내신다. 하지만 우리 자신이 그러한 마음의 변화에 대한 갈망과 열심이 있어야 한다. 즉 죄를 미워하며 하나님에 대한 사랑과 신뢰의 작품을 만들어 가야 하는 것이다. 기억의 치유란 새 마음이 되어가기 위해 성령께서 우리 안에서 행하시는 마음 치유의 한 방법이다. 마음이란 수많은 기억들이 새겨져 있는 판이기에 마음을 정화하기 위해 기억들의 정화와 치유가 필요한 것이다. 중요한 사실은 이 일을 성령께서 주도권을 가지고 행하신다는 사실이다.

위의 사례자의 내용을 통해서도 마음이 새롭게 건축되는 것은 과정이 필요함을 알 수 있다. 그는 군대에서 주님과 영적 체험을 뜨겁게 한 뒤부터 신앙생활을 열심히 하고 있었으나 그렇다고 해서 그 마음 판이 완전히 새로워진 것은 아니었다. 즉 아직도 남매의 잠재의식 속에는 하나님은 우리 식구가 가장 위험한 순간에 돕지 않고 방관하셨던 분이라는 부정적인 이미지가 있었고 하나님에 대한 분노가 있었다.

그렇지만 두 사람은 현재 열심히 신앙생활을 했기 때문에 자신들 안에 이런 감정을 전혀 느끼지 못했다. 하지만 이 부분은 두 사람의 삶의 다른 영역에서 분명히 부정적인 영향들을 주었을 것이고 하나님은 이것을 아셨던 것이다. 그랬기에 하나님은 남매의 잠재의식 깊이 자리 잡고 있던 상처 입은 마음을 끄집어 내시기 위해 그 사건을 기억나게 하셨고 그 분노가 노출되게 하셨으며 그로 인해 그들의 마음 판은 더 성숙되고 건강해 질 수 있었다.

성령은 이처럼 하나님의 자녀 안에서 계속해서 마음의 불순물들을 제거해가시며 마음을 건축하신다. 그런데 거듭나는 즉시 마음도 새 마음이 돼야 한다고 주장한다면 그렇지 못한 자신을 느낄 때마다 죄책감에 빠지고 결국은 그리스도인으로서의 정체성마저 공격받을 수 있다. 마음이 새롭게 되는 것은 시간과 과정이 필요하며 중심을 다해 그것을 간구하는 우리의 자세가 있어야 한다.

너희는 이 세대를 본받지 말고 오직 마음을 새롭게 함으로 변화를 받아 하나님의 선하시고 기뻐하시고 온전하신 뜻이 무엇인지 분별하도록 하라 (롬 12:2).

하나님을 따라 의와 진리의 거룩함으로 지으심을 받은 새사람을 입으라 (엡 4:24).

2. 인간의 상한 심령은 인위적인 요법으로는 해결될 차원이 아니다.

기억의 치유란 과거의 사건을 상상 속에 마음대로 바꾸고 새롭게 구성함으로써 마음의 고통을 줄이거나 위안을 찾는 인위적이고 심리요법적인 작업이 아니다. 이 사례를 통해서도 기억의 치유란 인위적으로 조작할 수 있는 것이 아님을 알 수 있다.

성령께서는 두 남매에게 각각 특정 기억을 동시에 떠올려 주셨다. 두 사람은 자신들에게 치유가 필요하다고 생각지도 않았고 이 사건을 놓고 기도할 필요성도 느끼지 않았다.

그러나 사례자의 간증 속에 나타난 대로, 이 사건은 결정적으로 두 사람의 마음 판에 부정적인 쓴 뿌리를 내리게 한 사건이었다. 그리고 이런 사실을 성령 하나님만 아셨다. 그래서 성령께서는 두 사람에게 같은 기억을 떠오르게 하신 것이다. 아버지의 폭행을 피해 어두운 밤 산길을 넘어가던 꼬마들을 내버려둔 것이 아니라 그때 하나님이 빛을 비추며 동행해 주시는 영상을 보게 하셨다. 두 사람이 그런 영상을 보기를 원한 것도 아니었고, 그래서 그렇게 되었으면 좋겠다고 상상해 본 적도 없었다.

　만일 동생만 이 영상을 보았다면 분노에 찬 이 형제는 그것은 너 혼자 상상한 것이라고 동생을 질책했을지도 모른다. 하지만 예상치도 못했던 장면이 갑자기 두 사람에게 동시에 나타났고 더구나 그 장면 속에서 두 사람이 보고 느낀 것 역시 동일했다. 두 사람은 단 한번도 그 날 그 밤의 사건이 자신들의 마음 판 깊이 새겨져 있었다는 것을 몰랐다. 또한 그 사건이 하나님에게 투사되어 하나님에 대한 분노와 불신으로 자리 잡고 있다는 사실도 몰랐다. 자기의 마음이지만 자기의 마음 안에 들어 있는 것을 전혀 모른 것이다. 그런데 똑같은 사건을 동시에 보고 또 그 장면에 함께 하시는 하나님의 임재를 두 사람 모두 똑같이 보았기에 자신들이 본 것은 혼자 상상한 것이 아니라 하나님이 보여 주셨다는 것을 인정하지 않을 수 없었다.

　그리고 자신들 안에 어린 시절에 경험한 그 사건이 어떤 영향을 주었는지를 이해할 수 있었다.

　성령께서 지금도 하나님의 자녀들의 삶과 마음과 생각 속에서 구체적으로 역사하심을 부인하는 사람들은 기억의 치유를 심리적, 인위적 작업으로 해석하려고 한다. 그러나 성서적 내적치유에서 일어나는 기억의 치유는 앞의 수많은 사례와 두 남매의 사례를 통해 보았듯이 인간이 인위적으로 만들어 낼 수 있는 일이 아니다.

인위적 심리기법은 생각의 변화에 집중되고 생각을 통한 상상과 기억의 재구성 등등의 방법들을 동원하고 있다. 그러나 심리적 질병들은 머리보다는 마음에서 일어나는 심령의 질병들이다. 기억은 두뇌에만 저장된 것이 아니라 심령을 붙들고 있다. 만일 부정적인 기억들을 추려내어 아름답게 재구성해서 상상함으로 심리적 불안과 분노와 공포가 치유된다면 범세계적으로 퍼져가는 우울증의 문제는 일어나지 않았을 것이며 날로 증가하는 온갖 심리질병들은 대부분 해결이 되었을 것이다.

하지만 뇌 과학이 발전되어도 마음의 질병과 고통이 해결되기 어려운 이유는 기억이 두뇌뿐만 아니라 마음 깊이 새겨져 있기 때문이며 인식이라는 기능은 뇌에서만 나오는 것이 아니라 인간의 더 깊은 심령 속에서 나오기 때문이다. 뇌는 과학적 도구들로 해부하고 관찰할 수 있지만 심령의 차원은 어떤 것으로도 관찰할 수 없다.

성경은 '심령의 근심은 뼈를 마르게 한다'고 하며 심령이 강건하면 병을 이길 수 있으나 심령이 상하면 일으킬 자가 없다고 말하고 있다.[81] 근심은 뇌가 아니라 심령 안에서 만들어진다. 인간을 만드신 성령 하나님은 인간의 구조를 아신다. 부정적 기억이 심령을 상하게 함을 아시고 어떻게 해야 심령이 회복될 수 있는지를 아시는 하나님이시다. 심령은 생명력이다. 심령이 상하면 면역체계가 약해지고 몸과 마음이 무너지게 된다.

3. 존재를 공격당한 사건들

성령께서는 어떤 기억들을 떠올려 주시는 것일까? 필자가 그동안 사례자들의 간증을 듣고 조합해본 결과, 성령께서는 우리가 생각할 때 무조건 괴로울 것 같은 기억을 떠올려 주시는 것이 아니었다. 밤바다 위에 조명을 싸서 특정 지역의 바닷속을 비추듯이 성령께서는 특정한 기억들을 떠올려 주셨는데 그 기억들은 공통점이 있었다. 그 기억들은 대부분 우리 자신의 정체성을 흔들어 버린 기억들이며 또한 하나님에 대한 부정적 이미지를 심어 버린 사건들이었다. 이런 기억들은 삶의 기초를 무너지게 만든다.

잊지 못할 아이가 있다. 그 아이의 아버지는 도박과 알코올 중독에 빠져 살았고, 엄마는 아버지로 인해 심각한 우울증에 빠

---

81 잠언 17장 22절, 잠언 18장 14절

져 있었다. 그나마 자신이 백점 맞은 시험지를 보이면 미소를 띠는 엄마를 보며, 아이는 공부에 매진을 했고 늘 전교 일등을 놓치지 않았다. 그러나 결국 엄마는 집을 나가버렸고 엄마가 사라지자 아이는 공부할 이유를 잃어버렸다. 결국 전교 일등에서 전교 하위권으로 추락했고 그러자 공부 잘했을 때 자기가 괴롭혔던 애들이 이제는 반대로 자신을 괴롭히기 시작했다.

  결국 학교도 가지 않고 방황하던 끝에 아이는 다량의 수면제를 먹고 자살을 시도했다. 수일이 지난 후 아이가 깨어나 보니 병원이었다. 이웃의 신고로 목숨을 건진 것이다. 그런데 간호사로부터 아이는 자기가 사경을 헤매는 동안 부모에게 연락을 했으나 아무도 면회 온 사람이 없다는 사실을 듣게 되었다.

  그 말을 듣는 순간 아이가 말하기를 '나는 그때 꼭지가 핑 돌았어요'라고 했다.

  부모가 오지 않았다는 그 사실은 자신이 죽어도 아빠 엄마는 아무 상관이 없다는 뜻으로 받아들여진 것이다. 즉 자신이란 존재는 부모에게 아무 의미 없는 존재, 그것은 이 세상에서 자신을 필요로 하는 사람은 아무도 없다는 생각으로 이어졌고 그러므로 자신은 무가치한 존재라고 느껴진 것이다.

  그때부터 아이는 막무가내로 자신을 팽개치며 살았고 분노

조절이 되지 않는 상태가 되었다. 닥치는 대로 때리고 싸우고 소리를 질렀지만 밤이 되어 혼자가 되면 밀려드는 공포와 두려움에 너무 무서웠다고 했다. 그러던 어느 날 놀랍게도 꿈속에서 '성서적 내적치유'라는 현수막을 보게 되었다고 한다. 아이는 그 뜻도 모른 채 우리가 주최하는 청소년 세미나에 와서 2박 3일 프로그램에 참여하게 되었다. 세미나가 끝나는 마지막 시간에 친구들이 참석 소감들을 서로 나누는데 그때 이 아이가 앞에 나와 이 모든 사연들을 담담히 말하는 것이었다. 그리고 덧붙이기를 이제 하나님이 자신을 사랑한다는 사실을 믿게 되었고 하나님이 자기를 떠나지 않고 도와주신다는 확신이 들었기 때문에 학교로 돌아가 공부를 열심히 하고 바르게 살겠다고 했다. 그리고 어제 하나님이 아버지를 용서하라고 하셔서 아버지와 엄마를 용서했다고 말했다.

그 아이의 말을 듣고 있던 중고등학생 아이들이 눈물짓는 것을 보았다. 상황은 다르지만 성적순에 떠밀려 자신의 존재에 대해 자랑스러움을 느끼지 못하는 아픔을 가진 마음들이 그 아이가 자신의 존재의 이유를 찾지 못했다는 그 고백에 공감이 되었던 것 같다.

인간은 사랑받고 인정받지 못할 때 자기 존재의 의미까지도 흔들린다. 그래서 그토록 인정받고 싶어하고 주목받고 싶어하고 칭찬받고 싶어한다. 하지만 이 시대는 영혼이 가장 보호되고 존중되어야 할 공간인 가정과 학교 그리고 교회 안에서조차 존중 대신 무시하고 멸시하며 영혼에 치명상을 입히는 일들이 벌어지고 있다. 더구나 이런 일들이 이 아이처럼 어린 시절에 일어난다면 영혼에 미치는 그 해악은 너무도 크다. 그러므로 성령께서는 마음에 잠긴 수많은 사건들 중에서 우리의 존재 자체를 공격함으로 인해 자신을 가치 없이 여기고 자신을 사랑할 수 없게 만든 일들을 기억나게 하셔서 그 독에서 우리를 치유하신다.

'너는 사랑받을 가치가 있는 사람이다. 너는 내가 계획해서 만든 나의 소유다. 나를 위해 너는 살아야 한다. 너의 삶은 내게 기쁨이고 큰 의미다.'

치유받은 사람의 삶에서 나타나는 변화의 원동력은 파괴적 기억들이 힘을 잃은 자리에 하나님께로부터 주어지는 존재의 이유가 자리를 잡음으로 만들어지는 것이다.

| 글을 마치며 |

'오늘'이라는
하얀 백지 위에

우리 모두는 아침마다 '오늘'이라는 하얀 백지를 받아 듭니다. 마치 하나님이 이스라엘 백성에게 들판 가득 만나를 뿌려 주셔서 누구나 원하는 만큼 그 만나를 가져올 수 있었던 것처럼 가난한 사람이나, 부한 사람이나 공평하게 오늘이 당신에게 주어졌으며 그것은 아무 그림도 그려져 있지 않은 백지상태입니다.

하지만 만나를 요리하는 방법은 모두 달랐습니다. 어떤 사람은 그냥 먹었고 어떤 사람은 기름에 튀겨 먹거나 볶아서 과자처럼 만들어 먹기도 했고 어떤 사람은 너무 많이 가져와서 쌓아 두다보니 그것에서 흉한 벌레가 생기기도 했습니다. 어떤 사람은 만나를 볼 때마다 감사하고 맛있다고 했지만 어떤 이들은 만나가 지겹고 맛도 없다고 짜증을 내기도 했습니다.

똑같은 만나였으나 그것을 먹고 대하는 방법이 사람마다 달랐듯이 '오늘'이라는 하나님의 선물을 받은 사람도 그것을 대하는 태도와 마음이 모두 다릅니다. 아이들에게 하얀 스케치북과 크레파스, 물감을 주며 마음대로 그려보라고 할 때 아이들에게 나타나는 미소가 있습니다. 그런 설렘의 미소로 '오늘'이란 빈 종이를 대할 수 있다면 그 삶은 건강하고 행복한 삶일 것입니다. 하지만 설렘 대신 '오늘'은 버텨내야 하고 살아내야 하는 무거운 숙제 혹은 죽지 못해 살아가는 짐처럼 느껴지게 하는 이유가 무엇일까요? 가장 힘들어 보이는 상황 속에서도 삶을 즐거운 여행처럼 사는 이들이 가지고 있는 비밀은 무엇일까요?

그것은 오늘이 빈 백지로 보여지지 않고 이미 그 위에 과거의 밑그림이 그려져 있기 때문입니다. 과거의 밑그림이 그려져 그것으로 오늘이 보이기에 결국은 어제 같은 오늘이고 지금 이 사람들도 과거에 경험해본 그 사람들처럼 느껴집니다. 그래서 오늘이란 날도 과거의 어느 날과 별로 다를 것이 없어 보이고 내일도 특별한 소망이 생기지 않습니다.

하지만 하나님은 오늘을 주실 때 그곳에 과거의 밑그림을 그려서 주시지 않았습니다. 과거를 끌어당겨 오늘의 백지 위에 펼쳐 놓은 이는 우리 자신입니다.

우리는 틈만 나면 과거의 보따리를 새로운 백지 위에 펼쳐 놓고 그것을 샅샅이 관찰하고 분석하면서 후회하고 슬퍼하며 울분을 터뜨립니다.

'어떻게 그럴 수 있을까! 내가 얼마나 잘 해주었는데…. 내게 그런 짓을 할 수 있다니….'

그리고 자신을 향해서 자책하며 공격합니다.

'왜 그런 선택을 한 거야. 바보같이….'

과거의 밑그림으로 지금의 삶을 보니 좋은 것은 보이지 않습니다.

'열심히 산다고 살았는데 지금 이런 결과를 보면 나는 못난 사람임에 틀림없어. 나는 잘 못 산거야!'

노만 빈센트 필Noman Vincent Peale 목사는 사람들의 걱정을 살펴보니 절대로 발생하지 않을 사건에 대한 걱정이 40%, 과거 걱정 30%, 신경 쓰지 않아도 될 걱정이 22%, 바꿀 수 없는 사건에 대한 걱정이 4%, 바꿀 수 있는 걱정이 4%였다고 말합니다. 즉 우리가 가진 걱정 근심의 96%는 불필요한 걱정이라는 것입니다.

타당한 걱정 4%는 지금 이 순간에 일어나는 문제에 관련한 걱정이며 그중에서도 내가 처리할 수 있는 문제들에 관한 걱정입니다. 그러므로 이 4%의 걱정거리는 내가 움직여서 처리하면 되는 것이기에 심령을 상하는 근심으로 이어지지 않습니다. 문제가 근심으로 변해 심령이 상하게 되는 이유는 아무리 생각하고 또 생각해도 그것은 내가 손댈 수 없는 과거의 문제요, 미래의 문제이기 때문입니다.

과거는 지금 이 순간의 현실이 아니기에 아무리 들여다봐도 후회에 그칠 뿐 내 몸이 움직여서 바꿀 수 있는 것이 없습니다. 바꿀 수 없기에 근심은 출구 없는 절망이 되어 몸과 마음을 상하게 하고 병을 만듭니다.

하지만 이런 사실에 동의하고 결심한다고 해서 걱정에서 벗어난 삶을 살 수 있는 것은 아닙니다. 머리로 알면서도 마음은 또다시 우울함과 근심으로 빠져들곤 하는 이유는 심령이 과거에 묶여 많은 사건 중에서도 오직 특정 사건만을 무의식적으로 계속해서 선택 재생하기 때문입니다.

이런 모든 일을 하나님은 아십니다. 심리학자나 뇌 과학자가 알고 있는 그 이상의 지식을 하나님은 알고 계십니다. 성령께서는 근심과 염려의 뿌리가 되며 아무 해결책이 없는 96%의 걱정을 만들어내는 기억의 공격을 알고 계십니다.

외부에서 닥치는 문제들보다 더 무섭고 치명적인 것은 우리 안에 내재된 기억의 공격입니다. 그래서 96%의 걱정으로 눌린 우리의 영혼이 그 덫에서 해방되어 오늘 하나님이 주시는 만나를 가지고 아름다운 작품을 만들 수 있도록 하기 위해 과거의 특정 사건들을 기억나게 하시고 치유해 주시는 것입니다.

성령께서 치유하심으로 기억의 공격에서 벗어난 사람들은 더 이상 똑같은 기억을 선택해서 밑그림을 그리지 않습니다. 과거의 부정적 힘에 묶이지 않고 그 과거를 오히려 현재의 거름으로 사용할 수 있는 힘이 있습니다. 빈 백지와 여러 색상의 크레파스를 받아 들고 '마음대로 그려봐'하시는 선생님의 격려에 미소를 지으며 달려가는 아이처럼 오늘이라는 이 기회를 그렇게 대할 수도 있습니다.

그래서 자연스럽게 '지금 이 순간'의 삶에 집중할 수 있는 생명력이 키워져 가고 오늘에 집중함으로 그날 주시는 양식을 감사하며 하나님이 주신 기회를 놓치지 않게 됩니다.

기억의 결박을 풀고 공격을 멈추게 하는 이 일은 어떤 심리학자나 정신과 의사 그리고 필자와 같이 기독교 심리치유사역을 하는 사람들이 할 수 있는 것이 아닙니다. 어느 정도 도울 수는 있으나 사람의 심령 속에서 벌어지는 일은 하나님의 도우심이 있어야만 가능한 것입니다. 이 책의 사례들을 보면 제 자신이 그분들을 직접 상담해주지 않았으며 이들이 참여했던 성서적 내적치유세미나 프로그램의 과정 속에도 참석자들로 하여금 그들의 분노나 슬픔 등의 감정을 분출하기 위해 물건을 때린다거나 심리적 퍼포먼스나 기억을 일부러 끌어내기 위한 인위적 방법들도 사용하지 않았습니다. 그런 심리학적 기법들이 속사람의 치유에 궁극적으로 도움이 되지 않는다고 생각하기에 그런 과정들을 넣지 않았고 또한 참석자들이 말씀을 듣는 가운데 성령께서 그들의 내면에서 직접 말씀하시고 깨닫게 하셨기 때문에 그럴 필요가 없었던 것입니다.

참석자 대부분은 인간 심리에 대해 평소에 생각해보지 않았고 자신의 내면을 들여다보거나 분석하는데 전혀 익숙하지 않은 사람들이었습니다. 그런 그들이 어떻게 자신들의 과거, 심지어는 전혀 의식할 수 없는 태아 때의 경험이나 매우 어린 시절의 사건들을 기억할 수 있었을까요? 이것은 그 사람을 온전히 알고 계신 성령 하나님만이 하실 수 있는 일입니다. 성령 하나님은 그들에게 필요한 것을 생각나게 하셨고 그들의 의식과 잠재의식 속에 깃든 기억을 치유하셨습니다. 이것은 성경에 이미 약속된 사항들이기에 성령께서 약속대로 행해주신 것입니다.

이 세상이 아름다운 이유는 슬픔의 옷을 벗겨주시겠다고 하신 성경의 약속대로 성령 하나님이 우리들 곁에서 '지금, 현재' 그 약속을 행하시고 계시기 때문입니다.

그분은 예수님의 십자가 때문에 우리에게 오실 수 있었던 분이며 우리에게 예수님을 가르쳐 주시기 위해 오셨고 눈으로 볼 수 없지만 현존하시는 분이며, 인격이십니다.

그분은 공기처럼 평범하게 다가오셔서 폭풍 같은 일들을 하십니다. 깨진 유리와 같이 조각난 마음을 맞춰 주시고 가슴 속에 박혀 있던 기억의 파편들을 뽑아내 주셨습니다.

성령 하나님, 그분이 우리의 문제에 관여하신다는 사실이 기억의 공격에 대한 해답이며 어떤 끔찍한 과거를 가진 사람일지라도 절망할 필요가 없는 이유입니다.

환경에서 도망칠 수 있으나 기억에서 도망칠 수는 없습니다. 환경은 바꿀 수 있으나 기억은 바꿀 수 없습니다. 그러나 성령께서 우리 안의 기억들 속에 잠긴 그 힘을 뽑아내시면 그 기억들은 더 이상 우리에게 부정적인 힘을 행사하지 못합니다.

성령께서 기억을 떠올리시는 것은 과거를 파헤치는 것이 아니라 과거에서 벗어나도록 도와주시려는 것입니다. 이것이 모든 심리질병에서 치유되고 마음의 건강을 회복하는 근본적인 해결책이기 때문입니다.

이 책의 사례들은 성령이 행하신 일들 중에 지극히 작은 일부의 이야기일 뿐입니다. 성령께서 세미나 참석자들의 기억을 치유하신 사례들의 간증문은 내적치유사역원 사무실의 책장을 가득 채우고 있습니다.

책의 서두에 저는 수십여 년 전 정신과 병동에서 환자들을 보면서 제 신앙의 위기를 몰고 왔던 개인적 경험을 적었습니다. 그때 제가 하나님을 향해 물었던 질문을 통해 하나님은 저희 부부를 내적치유사역으로 끌어오셨고 그때부터 지금까지 저희는 계속해서 성경의 약속을 찾아보며 그 약속대로 이루실 하나님을 기대하며 관찰했습니다. 이십여 년이 넘어 삼십 년이 가까워 오는 지금, 저희는 사도행전의 시대와 같이 그 모양은 다르나 각 사람 안에서 지금도 역사하시는 성령의 현재성을 뚜렷이 알게 되었습니다.

과학과 의학의 발달을 비웃기라도 하듯이 심리질병이 늘어가고 이로 인한 가정의 파괴와 사회를 뒤흔드는 충격적 사건들이 발생하고 있습니다. 이런 모든 문제를 근본적으로 해결하는 열쇠는 깨어진 마음들이 회복되는 것입니다. 이 일을 성령 하나님이 우리 가운데 계시며 행하신다는 사실이 문제를 이길 힘과 위로가 되며 가장 큰 소망이 됩니다.

감사합니다.

책의 교정을 도와준 간사님들과 고명진 님, 최은영 님, 항상 기도로 지원해주시는 부모님, 그리고 나의 멘토인 남편 주서택 목사와 마음 따뜻한 아들 주영광, 아름다운 딸 보라, 함께 동역하시는 분들 모두 감사합니다.

> 내가 아버지께 구하겠으니 그가 또 다른 보혜사를 너희에게 주사 영원토록 너희와 함께 있게 하리니 그는 진리의 영이라 세상은 능히 그를 받지 못하나니 이는 그를 보지도 못하고 알지도 못함이라 그러나 너희는 그를 아나니 그는 너희와 함께 거하심이요 또 너희 속에 계시겠음이라 내가 너희를 고아와 같이 버려두지 아니하고 너희에게로 오리라 (요 14:16-18).

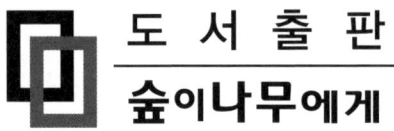

기억의 공격

2016년 6월 1일 1쇄 발행
2025년 2월 1일 8쇄 발행

지은이　|　김선화
펴낸이　|　김선화
펴낸곳　|　숲이나무에게
주소　　|　충청북도 청주시 서원구 내수동로 137
전화　　|　(043) 272-1764
팩스　　|　(043) 263-5833
홈페이지|　www.innerhealing.or.kr
등록　　|　제 572-2015-000014호
등록년월일|　2015. 3. 27

저작권자 ⓒ 2016. 김선화
이 책의 저작권은 저자에게 있습니다.
저자와 출판사의 서면 허락 없이 본서의 내용을 무단 복제하거나
내용의 일부를 출처 없이 인용하거나 발췌하는 것은 저작권법에 의해
금지되어있습니다. 파본이나 잘못된 책은 교환해 드립니다.
Copyright ⓒ 2016. Kim Sunwha
All Rights reserved including the rights of reproduction
in whole or in part in any form.

ISBN | 979-11-955405-2-5

값 12,000원